परिवर्तन

शेक्सपियर

अनुवाद : डॉ. रांगेय राघव

राजपाल

अनुवाद
रांगेय राघव

ISBN : 9789350642146

संस्करण : 2015 © राजपाल एण्ड सन्ज़

PARIVARTAN (Play) (Hindi edition of
The Taming of the Shrew) by Shakespeare

राजपाल एण्ड सन्ज़

1590, मदरसा रोड, कश्मीरी गेट, दिल्ली-110006

फोन : 011-23869812, 23865483, 23867791
website : www.rajpalpublishing.com
e-mail : sales@rajpalpublishing.com
www.facebook.com/rajpalandsons

शेक्सपियर : संक्षिप्त परिचय

शेक्सपियर विश्व-साहित्य के गौरव, अंग्रेज़ी भाषा के अद्वितीय नाटककार शेक्सपियर का जन्म 26 अप्रैल, 1564 ई. में स्ट्रैटफोर्ड-ऑन-एवोन नामक स्थान में हुआ। उसकी बाल्यावस्था के विषय में बहुत कम ज्ञात है। उसका पिता एक किसान का पुत्र था, जिसने अपने पुत्र की शिक्षा का अच्छा प्रबन्ध भी नहीं किया। 1582 ई. में शेक्सपियर का विवाह अपने से आठ वर्ष बड़ी ऐन हैथवे से हुआ और सम्भवत: उसका पारिवारिक जीवन सन्तोषजनक नहीं था। महारानी एलिज़ाबेथ के शासनकाल में 1587 ई. में शेक्सपियर लन्दन जाकर नाटक कम्पनियों में काम करने लगा। हमारे जायसी, सूर और तुलसी का प्राय: समकालीन यह कवि यहीं आकर यशस्वी हुआ और उसने अनेक नाटक लिखे, जिनसे उसने धन और यश दोनों कमाए। 1612 ई. में उसने लिखना छोड़ दिया और अपने जन्म-स्थान को लौट गया और शेष जीवन उसने समृद्धि तथा सम्मान से बिताया। 1616 ई. में उसका स्वर्गवास हुआ।

इस महान नाटककार ने जीवन के इतने पहलुओं को इतनी गहराई से चित्रित किया है कि वह विश्व-साहित्य में अपना सानी सहज ही नहीं पाता। मारलो तथा बेन जानसन जैसे उसके समकालीन कवि उसका उपहास करते रहे, किन्तु वे तो लुप्तप्राय: हो गए; और यह कविकुल दिवाकर आज भी देदीप्यमान है।

शेक्सपियर ने लगभग 36 नाटक लिखे हैं, कविताएँ अलग। उसके कुछ प्रसिद्ध नाटक हैं—*जूलियस सीज़र, ऑथेलो, मैकबेथ, हैमलेट, सम्राट लियर, रोमियो (दु:खान्त), एक सपना (ए मिडसमर नाइट्'स ड्रीम), वेनिस का सौदागर, बारहवीं रात, तिल का ताड़ (मच एडू अबाउट नथिंग), तूफ़ान (सुखान्त)।* इनके अतिरिक्त ऐतिहासिक नाटक तथा प्रहसन भी हैं। प्राय: उसके सभी नाटक प्रसिद्ध हैं।

शेक्सपियर ने मानव-जीवन की शाश्वत भावनाओं को बड़े ही कुशल कलाकार की भाँति चित्रित किया है। उसके पात्र आज भी जीवित दिखाई देते हैं। जिस भाषा में शेक्सपियर के नाटक का अनुवाद नहीं है वह उन्नत भाषाओं में कभी कती।

भूमिका

परिवर्तन शेक्सपियर का एक प्रारम्भकालीन नाटक है। कुछ आलोचकों का मत है कि ऐसा एक नाटक पहले से था, और कुछ का मत है कि शेक्सपियर ने ही पहले इसे छोटा लिखा था। दोनों हालतों में बाद में शेक्सपियर ने ही इसे बड़ा किया, यद्यपि इस विषय में अभी कुछ निश्चय से नहीं कहा जा सकता। अभी तक के प्रमाणों से यही लगता है कि उसने इसे 1594 से पहले ही लिखा होगा। इसके पुराने संस्करणों में न केवल पात्रों के नामों का परिवर्तन मिलता है, अपितु घटनाओं का भी भेद प्राप्त होता है। फिर समानता भी मिलती है। सोलहवीं और सत्रहवीं शती के कई संस्करणों में शराबी ठठेरा आता है, जिसे इसी तरह बेवकूफ़ बनाया जाता है। आज के दृष्टिकोण से यह बहुत कठोर हृदयहीनता दिखाई देती है कि एक भिखारी से इस तरह का मज़ाक किया जाए, लेकिन उन दिनों इसको बड़ी फ़ैशन की चीज़ माना जाता था। भिखारी को पहले बहुत वैभव में रखकर सो जाने पर फिर बाहर छोड़ आया जाता था और तब उसके आश्चर्य को देखकर धनी लोग हँसा करते थे। शेक्सपियर की अन्तरात्मा सम्भवत: इसे स्वीकार नहीं करती थी, इसीलिए फ़ैशन के नाते, उसने प्रारम्भिक भाग तो स्वीकार कर लिया, परन्तु आगे भिखारी का मज़ाक़ उड़ाया जाना उसकी पुस्तक में नहीं मिलता। इसलिए देखा जाए तो भिखारी की कथा व्यर्थ आती है। उसका आगे कोई सम्बन्ध ही नहीं दिखाई देता। इसीलिए मेरा विचार है कि शेक्सपियर को सम्भवत: यह मज़ाक ज़्यादा पसन्द नहीं था।

यहाँ कथा में से कथा का सृजन होता है और उस कथा में भी उसके पुराने तरीके से अन्तर्कथाएँ हैं। विधवा की कथा का वर्णन भी ऐसा ही वर्णन है। विधवा केवल एक तुलनात्मक रूप प्रस्तुत करती है जब कर्कशा की परीक्षा होती है, परन्तु वैसे उसकी कोई विशेषता नहीं है।

परिवर्तन

यद्यपि यह नाटक बहुत श्रेष्ठ नहीं है, मगर इसमें यह विशेषता है कि शेक्सपियर ने इसमें पैट्रूशियो का पात्र खड़ा किया है, और यह बड़ा ही मज़ेदार पात्र है। वह खूब हँसाता है पाठक को, और कर्कशा की परेशानी भी देखने लायक बनती है। इस एक विशेषता के कारण ही यह नाटक टिक सका है, क्योंकि बहुदर्शी नाटककार का एक और रूप हमें यहाँ दिखाई

प्रारम्भिक नाटकों में जो शेक्सपियर में दोष है कि वह भाषा-चातुर्य को बहुत प्रयोग में लाता है, सो इसमें भी है। दो अर्थ के शब्द देकर नाट्यगृह में जनता को हँसाना ही ऐसे चातुर्य का उद्देश्य था। अनुवाद में यह चातुर्य निस्सन्देह दुखदायी रहा है, फिर भी हमने जहाँ तक हो सका है, उसे निबाहने की चेष्टा की है।

इस नाटक को भी शेक्सपियर ने व्यर्थ नहीं लिखा। उसके सामने एक उद्देश्य अवश्य था। नाटक के अन्त में कर्कशा जब स्त्री-पुरुष के सम्बन्धों के बारे में बोलती है, तब शेक्सपियर स्वयं बोलता हुआ लगता है। शेक्सपियर का यह दृष्टिकोण हिन्दुओं का-सा था। पातिव्रत, पतिसेवा पर उसने बहुत ज़ोर दिया है, और आधुनिक स्त्रियाँ अवश्य इसे मध्यकालीन विचारधारा कहेंगी, इस पर ध्यान नहीं देंगी। परन्तु शेक्सपियर का युग आज का नहीं था, पुराना समय था। फिर भी शेक्सपियर ने अपनी ओर से नहीं कहा, पात्री द्वारा कहलाया है, यह पात्री-विशेष पहले बहुत कर्कशा थी, फिर परेशान हो गई, और ठीक हो गई तो उसने अपने विचार प्रकट किए और बदली हुई परिस्थिति में उसका इस प्रकार बोलना भी आश्चर्यजनक नहीं लगता।

बाकी पात्रों में कोई खास बात नहीं मिलती, न नाटककार ने इस नाटक में कोई विशेषता ला सकने में सफलता ही पाई है। लेटिन आदि का प्रयोग भी भाषा के चमत्कार के अन्तर्गत ही रखा जा सकता है। विद्वान् का मखौल खूब उड़ाया गया है। शेक्सपियर ने धनी वर्ग का चित्रण करते हुए यद्यपि मानवीय मूल्यों की ही ओर ध्यान दिया, किन्तु यथार्थ के चित्रण में वह बहुत निष्पक्ष रहा है, जैसे कि हर महान् कलाकार में हमें दिखाई देता है। कार्ल मार्क्स ने यही उसकी विशेषता स्वीकार की थी। यह तो

गलत है, लेकिन यह भी उसका एक पक्ष है, वैसे शेक्सपियर की मूल महानता उसके मानव मन की गहराइयों में उतरने वाली शक्ति है। वह शक्ति इस नाटक में कहीं मुखर तो नहीं हुई है, लेकिन उसका आभास हमें यहाँ भी मिल ही जाता है।

यद्यपि यह नाटक बहुत उच्चकोटि का नहीं है फिर भी इसका एक महत्त्व है कि इसे भी उस महान् कलाकार ने लिखा था, और उसकी परिपक्व रचनाओं को समझने के लिए इसको भी पढ़ना आवश्यक है।

—रांगेय राघव

पात्र-परिचय

एक लॉर्ड :

क्रिस्टोफर स्लाइ, एक ठठेरा
यजमान-दारा, अनुचर, अभिनेता, } : प्रस्तावना के पात्र
शिकारी तथा सेवक

बैप्टिस्टा : पैंडुआ के एक धनी पुरुष

विन्सैंशियो : पीसा के एक वृद्ध पुरुष

ल्यूसैंशियो : बियांका से प्रेम करनेवाला
विन्सैंशियो का पुत्र

पैट्रूशियो : वेरोना के एक सज्जन जो
कैथरिना के प्रेमी हैं।

ग्रेमियो }
हौर्टेंशियो } : बियांका के प्रेमी

ट्रेनियो }
बॉइंडैलो } : ल्यूसैंशियो के सेवक

ग्रूमियो }
कर्टिस } : पैट्रूशियो के सेवक

विद्वता का ढोंग करनेवाला एक ढोंगी जो विन्सैंशियो का
प्रतिरूप धारण करता है।

कैथरिना }
बियांका } : बैप्टिस्टा की पुत्रियाँ।

(विधवा, दर्जी, एक बिसाती तथा बैप्टिस्टा और पैट्रूशियो के सेवक)

प्रस्तावना

(भिखारी (क्रिस्टोफर स्लाइ) तथा यजमान-दारा का प्रवेश)

भिखारी : मार डालूँगा मैं तुम्हें, सच कहता हूँ।

यजमान-दारा : तुझे तो मैं कठघरे में डलवाऊँगी, बदमाश!

भिखारी : बड़ी बदतमीज़ और गुस्ताख़ औरत हो तुम, स्लाइ बदमाश नहीं होते। इतिहास उठाकर देख लो, हम वही हैं जो विजेता रिचार्ड के साथ यहाँ आए थे। इसलिए बस थोड़ी बात, मरने दो इस दुनिया को, क्या आफ़त है।

यजमान-दारा : तो फिर क्या तुम उन गिलासों की कीमत नहीं दोगे जिन्हें तुमने तोड़ डाला है?

भिखारी : नहीं, एक दीनार भी नहीं। चलो जाओ एस. जिरोनिमी, अपने ठण्डे बिस्तर पर जाकर गरम कर लो अपने आपको।

यजमान-दारा : इसका इलाज मैं जानती हूँ। मुझे नगर-पालक को बुलाकर लाना पड़ेगा।

(प्रस्थान)

भिखारी : तीसरे, चौथे, पाँचवें किसी भी नगर-पालक को बुला लाओ। मैं कानून के द्वारा उसको जवाब दूँगा। मैं एक इंच भी इधर-उधर नहीं हिलूँगा। आने दो उसे बड़े शौक़ से।

(सो जाता है।)

(शृंगी बजती है। एक लॉर्ड अपने कुत्तों के साथ शिकार से लौटता है।)

शिकारी! मेरी आज्ञा है कि मेरे इन कुत्तों की देख-भाल अच्छी तरह किया करो। यह 'मेरी मैन' तो इतना कमजोर है कि मुँह से झाग डालने लगता है और इस गहरे मुँह वाले कुत्ते के साथ 'क्लाउडर' जोड़ा भी। क्या तुमने नहीं देखा कि 'सिल्वर' ने उस झुरमुट के कोने पर किस तरह अति क्षीण सुगन्धि को भी जान लिया था। इस कुत्ते को तो मैं बीस पाउण्ड के बदले भी अपने से अलग नहीं होने दूँगा।

पहला शिकारी : लेकिन स्वामी! बैलमैन भी तो उतना ही अच्छा है। वह तो पूरी तरह मिटी हुई सुगन्धि को जानकर ही पुकार उठा था और आज दो बार उसने अति क्षीण सुगन्धि की ओर संकेत किया था। सच मानिए, मैं तो उसे ही अच्छा कुत्ता समझता हूँ।

मूर्ख हो तुम तो। अगर 'ईको' इतना ही तेज़ होता तो मैं उसको इसे एक दर्जन कुत्तों के बराबर मानता लेकिन देखना, उनको अच्छी तरह खाना खिलाओ और सभी की अच्छी देख-भाल करो। कल फिर मैं शिकार खेलने जाऊँगा।

पहला शिकारी : जो आज्ञा, स्वामी।

यह क्या है यहाँ? यह मर गया है या नशे में पड़ा है? देखना, क्या इसकी साँस चल रही है?

दूसरा शिकारी : जीवित है मेरे स्वामी! अगर इसमें शराब की गरमी नहीं होती, तो इतनी ठण्डी जगह पर यह गहरी नींद में नहीं सो सकता था।

डरावना जानवर है, कैसे सूअर की तरह पड़ा हुआ है! भयानक मृत्यु! तेरी भी आकृति कितनी बुरी और घृणित होती है! शिकारियो! नशे में पड़े इस आदमी से एक खेल खेलना चाहता हूँ मैं। क्या विचार है तुम्हारा, अगर इसको बिस्तरे पर सुला दिया जाए। अच्छे-अच्छे कपड़ों से इसके शरीर को ढक दिया जाए और इसकी उँगलियों में अँगूठियाँ पहना दी जाएँ। बिस्तरे की बगल में ही अच्छे स्वादिष्ट भोजन का प्रबन्ध कर दिया जाए और जब वह जागे तो सेवक उसके पास खड़े हों तो क्या यह सब कुछ देखकर यह भिखमँगा अपने आपको भूल नहीं जाएगा?

पहला शिकारी : सच मानिए स्वामी! बस यही होगा इसके साथ।

दूसरा शिकारी : जब वह जागेगा तो उसको सब कुछ बड़ा विचित्र-सा लगेगा। या तो उसे यह कोई मधुर स्वप्न-सा लगेगा या व्यर्थ कल्पनामात्र ही दिखाई देगी। अच्छा, तो ले जाओ इसको और ठीक-तरह से इस मज़ाक को जमाओ। मेरे सबसे सुन्दर कमरे में ले जाओ इसको, धीरे-धीरे सावधानी से ले जाना। उस कमरे को चारों तरफ़ से सुन्दर वासनामय चित्रों से सजा देना। फिर उसके गन्दे सिर को साफ़ गरम पानी से धो देना और कमरे की वायु को सुगन्धित करने के लिए सुगन्धित लकड़ी को जला देना। जैसे ही वह जागे, उसी समय अत्यन्त मधुर संगीत की तरंगें चारों ओर बिखर जानी चाहिए और वह कुछ कहना चाहे तो अपना सिर झुकाकर अत्यन्त विनीत स्वर में पूछना—श्रीमान् की क्या आज्ञा है ? एक आदमी तो चाँदी के 'बेसिन' को उठाना; उसमें गुलाबजल होना चाहिए जिसमें फूल भी पड़े हुए हों। दूसरा आदमी लोटा (Jug) और तीसरा अपने हाथ में तौलिया ले ले, फिर उससे कहना—'क्या श्रीमान् अपने हाथ ठण्डे करेंगे ?' एक आदमी बेशकीमती पोशाक लेकर तैयार रहना और उससे पूछना—'श्रीमान् कौन-सी पोशाक पहनेंगे।' एक दूसरा आदमी उसको कुत्तों और घोड़े की याद दिलाए और साथ में कहे—'श्रीमान्! आपकी रुग्णावस्था पर आपकी श्रीमती अत्यन्त शोकग्रस्त रहती हैं।' उसको किसी तरह यह विश्वास दिला देना कि वह अभी तक पागल था और जब वह इस चीज़ को मान ले तो कहना कि यह तो उसका स्वप्न है। वह तो एक गौरवशाली लॉर्ड है। बस, शिकारियो, इस काम को बड़ी होशियारी से कर डालो। अगर यह काम अच्छी तरह हो गया तो देखना इससे बड़ा मज़ाक दूसरा नहीं होगा।

पहला शिकारी : स्वामी! हम आपको विश्वास दिलाते हैं कि हम ठीक तरह अपना काम करेंगे और अपनी चतुराई से उसको यहाँ तक अपने वश में कर लेंगे कि वह अपने बारे में वही सोचेगा और विश्वास करेगा जो कुछ हम उससे कहेंगे।

तो इसे सावधानी से उठाकर बिस्तरे पर ले चलो और जब इसकी नींद खुले तो हर एक अपने-अपने काम को पूरा करे।

(स्लाइ को उठाकर लाया जाता है। शहनाई बजती है।)

देखना, यह शहनाई की कैसी आवाज़ है, लगता है, कोई सम्मानित व्यक्ति जो किसी यात्रा पर जा रहे हैं, यहाँ विश्राम के लिए ठहरेंगे।

(एक सेवक का प्रवेश)

क्यों ? कौन है यह ?

स्वामी ! कुछ अभिनेता आपकी सेवा में उपस्थित हुए हैं।

(अभिनेताओं का प्रवेश)

उनको यहाँ बुलाओ।

अभिनेताओ ! तुम्हारा यहाँ स्वागत है।

अभिनेता : हम श्रीमान् को धन्यवाद देते हैं।

क्या आज रात तुम्हारा मेरे यहाँ ठहरने का विचार है ?

अभिनेता : श्रीमान् हमारी सेवा स्वीकार करें।

अपने पूरे हृदय से। इस अभिनेता की तो अभी तक मुझे याद है, क्योंकि एक बार इसी ने किसान के सबसे बड़े पुत्र का अभिनय किया था। याद है, जब तुमने उस स्त्री के साथ प्रेम किया था ? तुम्हारा नाम मैं भूल गया हूँ लेकिन सच, वह अभिनय तो तुमने अत्यन्त स्वाभाविक रूप से किया था, फिर वह था भी तुम्हारे योग्य।

अभिनेता : शायद, श्रीमान् का तात्पर्य 'सोटो' से है।

हाँ, हाँ, वही तो। बड़ा ही अच्छा अभिनय किया था तुमने। बड़े अच्छे समय पर तुम लोग मेरे पास आए हो। मेरे पास तुम्हारे लिए एक योजना है जिसमें तुम्हारे कौशल से मेरा बड़ा काम बनेगा। एक लॉर्ड आज रात को तुम्हारा खेल देखेंगे लेकिन मुझे तुम्हारे संयम और शिष्टाचार के विषय में सन्देह है, क्योंकि उन लॉर्ड ने कभी भी इस तरह के खेल नहीं देखे हैं इसलिए कहीं ऐसा न हो कि उनका विचित्र व्यवहार देखकर तुम हँसने लग जाओ और इस तरह उनको अप्रसन्न कर दो। मैं पहले ही तुम्हें बताए देता हूँ कि अगर तुम थोड़े भी मुस्करा दिए तो वे एक साथ क्रुद्ध हो जाएँगे।

अभिनेता : आप किसी तरह की चिन्ता न करिए श्रीमान् ! अगर वे दुनिया के बड़े से बड़े विदूषक भी होते तो भी हम अपने आपको संयम में रख सकते थे।

सेवक! जाओ, इनको मद्यगृह में ले जाओ और मैत्रीभाव से प्रत्येक का स्वागत करो। देखना, हमारे यहाँ इनको किसी प्रकार का अभाव नहीं रहना चाहिए।

(अभिनेताओं के साथ एक सेवक का प्रस्थान)

सेवक! तुम मेरे अनुचर बारथोलम्यू के पास जाओ और उससे कहो कि वह एक औरत की-सी वेशभूषा बना ले। यह सब कुछ होने के बाद उसको उस नशेबाज़ के कमरे में ले आना और उसको श्रीमती कहकर उसकी आज्ञा का पालन करना। मेरी ओर से उससे कह देना कि जैसे उच्च परिवार की स्त्रियाँ अपने पतियों के प्रति व्यवहार करती हैं, उसी प्रकार इस नशेबाज़ के प्रति उसे करना चाहिए। यदि यह सारा कार्य उसने अच्छी तरह से सम्पन्न कर दिया तो अवश्य मेरे प्रेम का पात्र बनेगा। उसे अत्यन्त नम्र और धीमे स्वर में विनीत भाव से कहना चाहिए—प्राणनाथ की क्या आज्ञा है जिससे आपकी प्रिया अपना कर्त्तव्य-पालन करती हुई अपने प्रेम का प्रदर्शन कर सके ? फिर वह उसके सीने से लिपट जाए, उसको उत्तेजित करने के लिए चुम्बन ले और उसके सीने पर अपना सिर रख दे। उससे यह भी कह देना कि वह यह दिखाता हुआ आँसू बहाने लग जाए कि पिछले सात सालों से जो स्वामी एक घृणित और गरीब भिखमँगे की तरह फिरते रहे, उनको पूरी तरह स्वस्थ देखकर उसके हृदय में हर्ष समा नहीं पा रहा है। और अगर उस लड़के को जी चाहे कभी भी आँसू बहाने की स्त्रियोचित देन नहीं है तो फिर इस काम के लिए प्याज़ अच्छा रहेगा जिसको रुमाल में बन्द करके यदि आँख के पास ले जाया गया तो आँख से पानी निकलने लगेगा। जितनी जल्दी हो सके उतनी ही जल्दी इस काम को कर डालो, फिर अभी मैं तुम्हें और कुछ आदेश दूँगा।

(सेवक का प्रस्थान)

मैं जानता हूँ, लड़का पूरी तरह स्त्री का अभिनय कर जाएगा। स्वर, वेशभूषा और व्यवहार सभी कुछ वह एक श्रेष्ठ स्त्री जैसा ही बदल लेगा। वह उस नशेबाज़ को प्राणनाथ कहकर पुकारेगा, इसको सुनने की मुझे बड़ी उत्सुकता है। पता नहीं, जब मेरे आदमी इस मूर्ख के

प्रति उचित सम्मान दिखाने आएँगे, तो वे अपनी हँसी को कैसे रोक पाएँगे। मैं अन्दर जाकर उनको आगाह कर देता हूँ। हो सकता है मेरी उपस्थिति के कारण उनकी हँसी कम हो जाए, जो कि बिना इसके काफ़ी बढ़ती।

(प्रस्थान)

2

(नशेबाज़ का सेवकों के साथ ऊपर प्रवेश। कुछ के हाथ में वस्त्र हैं, कुछ 'बेसिन' तथा लोटा तथा कुछ अन्य सामग्रियाँ लिए हुए हैं। लॉर्ड भी उनके साथ है।)

भिखारी : भगवान् के लिए थोड़ी शराब दे दो।

पहला सेवक : क्या श्रीमान् एक प्याला 'सैक्'[1] पिएँगे ?

दूसरा सेवक : क्या श्रीमान् इन स्वादिष्ट पदार्थों का सेवन करेंगे ?

तीसरा सेवक : आज श्रीमान् कैसे वस्त्र पहनेंगे ?

भिखारी : मैं तो क्रिस्टोफर स्लाइ हूँ, मुझे श्रीमान् मत कहो। मैंने तो अपने पूरे जीवन-भर कभी सैक नहीं पी। अगर तुम किसी प्रकार के स्वादिष्ट पदार्थ देना ही चाहते हो तो बछड़े का गोश्त ला दो मुझको और यह मत पूछो कि मैं कैसे वस्त्र पहनूँगा। मेरी पीठ ही कपड़े हैं, टाँगें ही मोज़े हैं, और पैर ही जूते हैं। यहाँ तक कि कभी-कभी तो पैर दो हैं तो जूता एक ही रह जाता है और फिर जूते होते भी हैं तो ऐसे जिनमें होकर मेरी उँगलियाँ और अँगूठे बाहर निकले रहते हैं।

परमात्मा श्रीमान् के पागलपन को दूर करे! ओह! खेद है कि उच्च कुल में पैदा हुए, ऐसे श्रेष्ठ पुरुष जिनके पास समृद्धि और सम्मान दोनों हैं, ऐसे दूषित प्रवाह में रहें।

भिखारी : क्या, क्या तुम मुझे सचमुच पागल करना चाहते हो ? क्या मैं बर्टनहीथ के वृद्ध स्लाइ का पुत्र क्रिस्टोफर स्लाइ नहीं हूँ जो जन्म से एक फेरीवाला, अपनी शिक्षा से कार्ड बनानेवाला, और बाद में एक

---

1 : एक प्रकार की ऊँची शराब।

रीछ पालनेवाला, लेकिन अब मेरा व्यवसाय एक ठठेरे का है। विंकट की मोटी पत्नी मरियन हेकिट से पूछ लो कि वह मुझे जानती है या नहीं। अगर वह कहे कि मैं वह नहीं हूँ जिसके ऊपर उसका शराब के सिलसिले में चौदह पैंस का कर्ज़ा चढ़ा हुआ है तो फिर पूरे ईसाई जगत् में मुझसे बढ़कर झूठा धूर्त किसी को मत समझना। मैं पागल नहीं हूँ। यहाँ—

तीसरा सेवक : ओह! इसी कारण तो श्रीमती शोकग्रस्त हैं।

दूसरा सेवक : ओह! इसी कारण तो आपके सभी सेवक चिन्ता के कारण शिथिल हो गए हैं।

इसका परिणाम यह होता है कि आपके साथी और सम्बन्धी आपका यह विचित्र पागलपन देखकर आपके घर नहीं आते। ओह श्रीमान्! कम से कम अपने जन्म और कुल के बारे में तो विचार करिए। पागलपन के इन दूषित विचारों को हटाकर अपने आपको स्वाभाविक स्थिति में लाइए और खोए हुए अपने पुराने गौरव को जगाइए। देखिए तो, किस तरह आपके सेवक आपकी कोई भी इच्छा पूर्ण करने के लिए अपने-अपने कार्य में सन्नद्ध होकर खड़े हैं। क्या आप गाना सुनेंगे? सुनिए, काव्य और संगीत का देवता ऐपोलो ही गा रहा है।

(संगीत)

सुनिए, पिंजड़े में बन्द बीस कोयलों ने अपनी मधुर तान छेड़ दी है। क्या आप सोना चाहते हैं? चलिए हम आपको उस मुलायम और खुशबू से भरे बिस्तरे पर ले चलते हैं, जो ऐसीरिया की महारानी सैमीरेमिस के लिए बनाए गए स्वत: ही कामोत्तेजना जगानेवाले बिस्तरे से कहीं अच्छा है। अगर आप घूमना चाहें तो हम ज़मीन पर क़ालीन बिछा दें, या अगर आपकी घुड़सवारी करने की इच्छा है तो आज्ञा दीजिए, अभी आपके घोड़ों की पीठ पर स्वर्ण और मोतियों से सुसज्जित ज़ीन कस दी जाएँगी और उनको हर प्रकार से सुन्दर वस्त्रों से सुसज्जित कर दिया जाएगा। यदि आप बाज़ उड़ाना चाहें तो आपके पास इस तरह के बाज़ भी हैं जो प्रभात के पपीहे (Lark) से भी कहीं ऊँचे आकाश में उड़ जाएँगे। फिर यदि आप शिकार खेलने की इच्छा करें,

तो आपके पास ऐसे अच्छे-अच्छे कुत्ते हैं जो एक बार तो चिल्लाकर आकाश और इस खोखली पृथ्वी को प्रतिध्वनित कर सकते हैं।

पहला सेवक : श्रीमान्, आज्ञा दीजिए कि आप शिकार पर जाएँगे। आपके भूरे शिकारी कुत्ते हिरन से भी अधिक तेज़ भागनेवाले हैं। तेज़ भागने-वाले बारहसिंगे से इनकी चाल किसी तरह कम नहीं है।

दूसरा सेवक : क्या आप चित्र पसन्द करते हैं? हम आपके पास 'ऐडोनिस' का ऐसा चित्र ला सकते हैं कि वह बहते सोते के पास है, इसके अलावा पूरी तरह घास के बीच छिपी हुई साइथीरिया का चित्र ला सकते हैं जिसमें आप देखेंगे कि उसकी साँस से वह घास हिलती हुई दिखाई देती है, यहाँ तक कि चित्र में आप हवा के साथ घास को हिलता हुआ देख सकते हैं।

हम आपको इओ का उसकी कौमार्य अवस्था का चित्र दिखाएँगे। देव जूपीटर ने किस तरह उससे प्रेम और छल किया, यह सभी कुछ आप अति सजीवता के साथ उसमें चित्रित पाएँगे।

तीसरा सेवक : या आपके सामने ऐसा चित्र उपस्थित करें जिसमें आप डैफ्ने को झाड़ियों से भरे जंगल में फिरते हुए देखें। काँटों से छिलते उसके पैरों का तो ऐसा सजीव चित्रण हुआ है कि उन्हें देखकर कोई भी निश्चयपूर्वक कह सकता है कि उनमें से खून बह रहा है। उसके आँसू और खून दोनों को इस कौशल के साथ चित्रित किया गया है कि उस दृश्य को देखकर दु:खी ऐपोलो भी रोने लगेगा।

आप एक लॉर्ड हैं, इसके विषय में किसी प्रकार की शंका मत करिए। आपकी एक पत्नी भी हैं जो इस ढलती उम्र में किसी भी स्त्री से कहीं अधिक सुन्दर हैं।

पहला सेवक : जब तक आपके विरह में बहाए आँसुओं ने उनके सुन्दर मुख की कान्ति को मिटाया नहीं था तब तक तो संसार में उनके समान सुन्दर कोई दूसरा प्राणी था ही नहीं, लेकिन फिर भी वे किसी से सौन्दर्य में कम नहीं हैं।

भिखारी : क्या मैं एक लॉर्ड हूँ और क्या सचमुच मेरी एक पत्नी है? या यह सब कुछ स्वप्न है? या यह कहूँ कि इस स्थिति से पहले की स्थिति

स्वप्नवत् थी ? मैं सोया तो नहीं हूँ; सभी कुछ देख रहा हूँ, सुन रहा हूँ और बोल भी रहा हूँ। यहाँ बिखरी हुई सुगन्धि का मुझे अनुभव हो रहा है, छूकर देखता हूँ तो मुलायम चीज़ों का अनुभव होता है। सच, मैं निस्सन्देह एक लॉर्ड हूँ। कौन कहता है कि मैं क्रिस्टोफर स्लाइ नाम का ठठेरा हूँ। अच्छा तो अब हमारी पत्नी को हमारे पास लाओ, और फिर थोड़ी शराब हमें दे दो।

दूसरा सेवक : क्या श्रीमान् अपने हाथ धोएँगे ? ओह! आपको अपनी स्वाभाविक स्थिति में पाकर हमें कितनी प्रसन्नता हो रही है! इन पन्द्रह सालों तक आप एक स्वप्न-से में डूबे रहे थे, उससे जब कभी भी आप जागे थे तो वह भी इस तरह जागे थे मानो सो ही रहे हों। आज आपने अपने आपको पहचान लिया है, सच इससे बढ़कर और प्रसन्नता की बात क्या होगी ?

भिखारी : सच, इन पन्द्रह सालों तक मैं किसी गहरी नींद में था लेकिन क्या मैं उस पूरे समय के भीतर कभी भी कुछ नहीं बोला था ?

पहला सेवक : अवश्य बोले थे स्वामी! लेकिन कुछ बड़े निरर्थक-से शब्द ही आपके मुँह से निकले थे क्योंकि यद्यपि आप इस शानदार कमरे में विश्राम कर रहे थे लेकिन कहते थे कि आपको पीटकर दरवाज़े से बाहर निकाल दिया गया था, और इसी बात पर आप गृह-स्वामिनी से क्रोधावेश में आकर कहते थे कि आप उनको न्यायालय के सामने उपस्थित करेंगे क्योंकि वे सीलबन्द बर्तन न लाकर कुछ पत्थर के लोटे ले आई थीं। कभी-कभी आप सिसली हैकेट को पुकारने लगते थे।

भिखारी : हाँ-हाँ, वही जो इस घर की परिचारिका है।

तीसरा सेवक : लेकिन श्रीमान्! आप न तो किसी घर को जानते हैं और न किसी ऐसी परिचारिका को और न ऐसे आदमियों को जिनका नाम आपने लिया है जैसे स्टिफ़न स्लाइ, ग्रीस के वृद्ध जोन नैप्स, पीटर टर्फ़, हेनरी पिम्परनैल आदि इसी तरह के बीसों नाम और हैं। श्रीमान्! आज तक कभी न तो किसी ने इन आदमियों को देखा और न कभी इन लोगों ने इस पृथ्वी पर जन्म लिया।

भिखारी : परमात्मा को धन्यवाद है कि उसकी कृपा से मैं अपनी पूर्व

स्वाभाविक स्थिति में आ गया।

आमीन !

भिखारी : मैं इसके लिए तुम्हें धन्यवाद देता हूँ। इससे तुम्हारा लाभ ही होगा।

(गृह-स्वामिनी का परिचारिकाओं के साथ प्रवेश)

गृह-स्वामिनी : कैसे हैं आप, मेरे श्रेष्ठ स्वामी ?

भिखारी : अच्छा हूँ क्योंकि यहाँ चारों ओर प्रसन्नता की पर्याप्त सामग्री है। मेरी पत्नी कहाँ है ?

गृह-स्वामिनी : यही तो है स्वामी ! कहिए उसके लिए आपकी क्या आज्ञा है ?

भिखारी : क्या तुम मेरी पत्नी हो ? तो फिर मुझे पति कह कर क्यों नहीं पुकारतीं। स्वामी कहकर तो मेरे सेवक मुझे पुकारते हैं। मैं तो तुम्हारा पति हूँ।

गृह-स्वामिनी : मेरे प्राणनाथ और मेरे स्वामी, मेरे स्वामी और पति, मैं सदा आपकी आज्ञा में रहनेवाली आपकी पत्नी हूँ।

भिखारी : मैं अच्छी तरह जानता हूँ। इन्हें क्या कहकर पुकारना चाहिए मुझे ? श्रीमती।

भिखारी : ऐल्सी श्रीमती या जोन श्रीमती।

श्रीमती के सिवाय और कुछ भी नहीं। इसी तरह लॉर्ड अपनी पत्नियों को सम्बोधित करते हैं।

भिखारी : श्रीमती पत्नी ! सभी लोग कहते हैं कि मैं पन्द्रह साल या इससे भी अधिक समय के बीच सोता हुआ स्वप्न देखता रहा था।

गृह-स्वामिनी : ठीक है प्राणनाथ ! इस बीच आपके विरह में ये पन्द्रह साल मुझे तीस साल के बराबर लगे थे।

भिखारी : बस काफ़ी है, सेवको ! हमें अकेला छोड़कर यहाँ से चले जाओ। श्रीमती ! कपड़े उतार कर आइए, मेरे बिस्तरे पर आराम कर लीजिए।

गृह-स्वामिनी : श्रेष्ठ स्वामी ! एक या दो रात के लिए अभी मुझे क्षमा कर दें, मैं आपसे तीन बार प्रार्थना करती हूँ। यदि आपको यह स्वीकार न हो तो सूर्यास्त तक तो मुझसे इस प्रकार का आग्रह मत करिए क्योंकि आपके चिकित्सकों ने इस डर से कि आपको फिर यह बीमारी न लग

जाए, मुझे विशेष रूप से यह आज्ञा दी है कि मैं अभी आपके साथ सहवास न करूँ। मैं आशा करती हूँ, मेरे मना करने के पीछे यह पर्याप्त कारण है।

भिखारी : हाँ, हाँ यह तो ठीक है, पर मैं इतनी देर तक तो मुश्किल से ही ठहर पाऊँगा, लेकिन अवश्य ठहरूँगा मैं, चाहे कितने भी वेग से कामोत्तेजना मेरे अन्दर जाग रही है, क्योंकि मैं फिर अपने उस पागलपन में गिरना नहीं चाहता।

(एक सन्देशवाहक का प्रवेश)

सन्देशवाहक : श्रीमान्! आपके अभिनेता आपकी स्वस्थ अवस्था के बारे में सुनकर एक बड़ा ही अच्छा दिलचस्प सुखान्त नाटक खेलने के लिए आए हैं, क्योंकि आपको चिकित्सकों ने इसे आपके लिए लाभदायक बताया है।

अपार दु:ख ने आपके रक्त तक को जमा दिया है, फिर दु:ख तो पागलपन का और पोषण करता है इसीलिए उनका विचार है कि आपके लिए कोई नाटक देखना और उससे अपने हृदय को प्रसन्न करना इस परिस्थिति में बड़ा ही अच्छा रहेगा। इससे हज़ारों तरह की व्याधियाँ दूर हो जाती हैं और आयु बढ़ती है।

भिखारी : तो ठीक है, मैं उनका नाटक देखूँगा। लेकिन, यह कोई चौबोलेबाज़ी या किसी तरह का चक्करदार खेल या कोई वैसे ही क्रिसमस का मज़ाक तो नहीं है ?

गृह-स्वामिनी : जी नहीं, मेरे स्वामी! यह तो बड़ी दिलचस्प चीज़ है।

भिखारी : क्या, घर-गिरस्ती की चीज़ ?[1]

गृह-स्वामिनी : एक तरह का इतिहास है यह।

भिखारी : अच्छा, हम अवश्य देखेंगे उसे।

श्रीमती पत्नी! मेरे पास आकर बैठो न। मरने दो दुनिया को। आये मौके को कभी नहीं छोड़ना चाहिए।

Stuff : चीज़; इस शब्द पर पन का प्रयोग किया गया है। गृह-स्वामिनी तो Pleasing stuff कहती है, लेकिन भिखारी उसे ही Household stuff कहकर हास्य का वातावरण पैदा करता है।

पहला अंक

दृश्य 1

(तुरही बजती है। ल्यूसैंशियो का अपने सेवक ट्रेनियो के साथ प्रवेश)

ल्यूसैंशियो : ट्रेनियो! विभिन्न कलाओं के पोषण करने वाले इस भव्य पैंडुआ को देखने की मेरी उत्कट इच्छा थी, अब मैं इस महान् देश इटली की फलों से आच्छादित सुन्दर वाटिका लोम्बार्डी को देखने के लिए आ पहुँचा हूँ। इसके लिए मुझे पिता की आज्ञा प्राप्त है इसलिए उनकी सदिच्छा और स्नेह तथा तुम जैसे मेरे श्रेष्ठ और विश्वासपात्र सेवक का साथ भी मुझे प्राप्त है। आओ, यहाँ ठहरकर हम कुछ सीखें और उस ज्ञान का संचय करें जो मानवीय कलाओं में निहित होता है। वह पीसा जहाँ अधिकतर गम्भीर प्रवृत्ति के लोग रहते हैं, मेरी जन्मभूमि है। वहीं मेरे पिता ने संसार के एक समृद्ध व्यापारी की ख्याति प्राप्त की थी। मेरे पिता विन्सैंशियो की जन्मभूमि बैंटीवोलिआई थी लेकिन मेरा पालन-पोषण फ्लोरैंस में हुआ, अब मेरी सारी आशाएँ तभी पूरी हो सकती हैं, जब मैं पुण्य-कार्यों से अपने भाग्य को समृद्ध करूँ। इसीलिए ट्रेनियो! जितने समय तक मैं अध्ययन करूँगा, पुण्य और पवित्रता के उस दर्शन का प्रयोग करूँगा, जो मनुष्य के सुख से सम्बन्धित है, और विशेष रूप से जिसकी प्राप्ति पुण्य से ही हो सकती है। बताओ, तुम्हारा क्या विचार है क्योंकि मैं पीसा को छोड़कर पैंडुआ इस तरह आ गया हूँ जैसे एक व्यक्ति उथले दलदल से निकलकर गहरे पानी में कूदने के लिए आ जाए और तृप्ति से अपनी प्यास बुझाने की चेष्टा करे।

मेरे श्रेष्ठ स्वामी! आपका जैसा विचार है वैसा ही मेरा है। मुझे प्रसन्नता है कि आप इस श्रेष्ठ दर्शन की श्रेष्ठताओं को आत्मसात करना चाहते हैं; लेकिन स्वामी, इतना अवश्य कहता हूँ कि जब हम किसी विशेष नैतिकता या गुण की प्रशंसा करें तो हमको न तो बिलकुल वीतरागी हो जाना चाहिए और न अपनी विचार शक्ति पर प्रतिबन्ध लगाना चाहिए। ऐरिस्टौटिल के नैतिक प्रतिबन्धों के प्रति इस प्रकार का अन्ध विश्वास नहीं कर लेना चाहिए कि फिर प्रेम के गीत लिखने वाले ओविड को हम उपेक्षा की दृष्टि से देखने लगें। अपने प्रसन्नचित्त मित्रों पर अपने तर्क का प्रयोग करिए और साधारण बातचीतों में अपनी वाक्पटुता दिखाइए। स्वयं को प्रेरणा और स्फूर्ति देने के लिए संगीत और काव्य का प्रयोग करिए। गणित और अध्यात्मविद्या की ओर तभी उन्मुख होइए जब आपका स्वास्थ्य आपका साथ दे। जिस वस्तु से कोई आनन्द प्राप्त नहीं होता, उससे किसी प्रकार का लाभ भी नहीं मिलता है। एक ही शब्द में कह देता हूँ श्रीमान् अध्ययन उस विषय का करिए जिसके प्रति आपकी सबसे अधिक रुचि हो।

ल्यूसैंशियो : परमात्मा बचाए, ट्रेनियो! तुम ठीक सम्मति देते हो। अगर बॉइंडैलो यहाँ आ जाता तो हमारे ठहरने के लिए किसी ऐसे अच्छे स्थान का प्रबन्ध हो जाता जहाँ हम अपने उन मित्रों का स्वागत करेंगे जो पैंडुआ के हमारे निवास-काल में पैदा होंगे। ठहरो थोड़ा, ये कौन आ रहे हैं ?

स्वामी! इस नगर में हमारा स्वागत करने का ही यह कोई आयोजन दीख पड़ता है।

(बैप्टिस्टा का अपनी दोनों पुत्रियों कैथरिना तथा बियांका के साथ प्रवेश। विदूषक ग्रेमियो तथा हौर्टेंशियो के साथ है। ल्यूसैंशियो और ट्रेनियो हटकर खड़े हो जाते हैं।)

बैप्टिस्टा : श्रीमान्! आप लोग अब मुझे अधिक दबाएँ नहीं क्योंकि जो दृढ़ निश्चय मैंने कर लिया है उससे आप सभी परिचित हैं। मेरा निश्चय है कि जब तक मेरी बड़ी लड़की के लिए कोई वर नहीं मिल जाएगा तब तक मैं अपनी छोटी लड़की का हाथ किसी के हाथ में नहीं दूँगा।

मैं आप दोनों को अच्छी तरह जानता हूँ और आपके प्रति मेरा स्नेह भी है, इसलिए कहता हूँ कि जो कोई आपमें से कैथरिना को प्यार करते हों, मैं सहर्ष उसका विवाह आपके साथ करके आपकी इच्छा को पूर्ण करूँगा।

अरे उस चुड़ैल की तो पिटाई होनी चाहिए। मेरे लिए तो वह बहुत ही बुरी है।

हौर्टेंशियो ! सुनो, क्या तुम्हें किसी पत्नी की चाह है ?

श्रीमान् ! क्या इन बेवकूफ़ों[1] को फँसाने के लिए मुझे एक जाल के रूप में प्रयुक्त करने की आपकी इच्छा है ?

हौर्टेंशियो : तुम्हारे लिए वर श्रीमती ! यह मतलब कैसे लगा लिया आपने ? जब तक आप इसी तरह कर्कशा बनी रहेंगी तब तक कोई भी वर आपको नहीं मिल सकता।

ठीक कहते हैं आप श्रीमान्। आपको इससे कभी भी भयभीत होने की आवश्यकता नहीं होगी। काश, ऐसा विचार कभी मेरे हृदय के पास तक न आए और कहीं अगर ऐसा हो गया तो इसमें किसी प्रकार का सन्देह मत करिए श्रीमान्, कि मैं तिपाई से आपके सिर के बाल सँवारूँगी और आपके चेहरे को रंगकर आपसे एक गधे की तरह काम लूँगी।

हौर्टेंशियो : परमात्मा ! ऐसी चुड़ैलों से मुझे बचाना।

और मुझे भी मेरे अच्छे परमात्मा।

यहाँ तो बड़े मनोरंजन की सामग्री उपस्थित है स्वामी ! वह देखिए, वह स्त्री पूरी तरह पागल मालूम देती है। बहुत अधिक चिड़चिड़े स्वभाव की लगती है।

ल्यूसैंशियो : लेकिन दूसरी को शान्त देखकर मुझे लगता है कि वह अत्यन्त ही नम्र और गम्भीर प्रकृति की है। ठहरो ट्रेनियो !

ठीक कहा आपने स्वामी ! अब शान्त रहकर, एक बार निगाह भरकर देख लीजिए आप उसे।

Mates : इस शब्द के दो अर्थ हैं। बेवकूफ़ यानी निम्न कोटि का व्यक्ति और दूसरा अर्थ है, वर। हौर्टेंशियो इसी शब्द पर पन का प्रयोग करता है और सफलतापूर्वक केटे की कठोर बात का उत्तर दे देता है। हमने भावार्थ की ओर ही विशेष ध्यान रखा है।

बैप्टिस्टा : श्रीमान्! जो निश्चय मैंने किया है उसको पूरा करने के लिए मैं बियांका को आज्ञा देता हूँ कि वह अन्दर चली जाए।

मेरी बेटी बियांका! इसका बुरा न मानना क्योंकि मेरा स्नेह तुम्हारे प्रति कभी कम थोड़े ही हो सकता है।

खूब बहलाया। यह तो अच्छी तरह से आँख में उँगली करना हुआ और उस समय जबकि वह इसके कारण से परिचित थी।

बियांका : बहिन, मेरा विक्षोभ देखकर स्वयं सन्तोष कर लो। पिता! मैं आपकी आज्ञा का सहर्ष पालन करती हूँ। अब मेरी पुस्तकें मेरी सहयोगिनी होंगी जिन्हें मैं एकान्त में पढ़ा करूँगी और अपने वाद्ययन्त्रों को बजाकर अपना मन बहलाया करूँगी।

ल्यूसैंशियो : सुनो ट्रेनियो! काव्य और संगीत की देवी मिनर्वा के शब्दों को

हौर्टेंशियो : श्रीमान् बैप्टिस्टा! क्या आप ऐसा विचित्र व्यवहार भी कर सकते हैं? मुझे बड़ा दु:ख है कि हमारी सदिच्छा के रहते हुए बियांका को इतना दु:ख सहना पड़ रहा है।

ग्रेमियो : श्रीमान् बैप्टिस्टा! क्या आप नरक की इस पिशाचिनी के पीछे उसको अन्दर बन्द करके इसकी कर्कश वाणी के लिए पश्चाताप करने को बाध्य करेंगे?

बैप्टिस्टा : श्रीमान्, आप शान्त रहिए। मेरा ऐसा ही निश्चय है।

(बियांका का प्रस्थान)

बियांका! अन्दर चली जाओ। मैं यह जानता हूँ कि मेरी बेटी संगीत तथा काव्य आदि में विशेष रुचि रखती है इसलिए मैं अपने घर पर ही उसके लिए ऐसे अध्यापकों की व्यवस्था कर दूँगा जो उसकी यौवनावस्था में उसको पढ़ाने के योग्य होंगे।

हौर्टेंशियो या आप ग्रेमियो, किसी ऐसे आदमी को जानते हों तो उसको यहाँ भेज दीजिए। चतुर आदमियों के प्रति मैं स्नेहपूर्ण व्यवहार रखूँगा और अपनी बच्चियों के प्रति उदार रहूँगा जिससे उनका अच्छा विकास हो। अच्छा विदा! कैथरिना! तुम यहाँ ठहर सकती हो क्योंकि मुझे अभी

बियांका से कुछ और कहना है।

(प्रस्थान)

क्यों, मेरा विश्वास है, मैं भी जा सकती हूँ। क्या नहीं जा सकती? क्या मेरे साथ भी इसी तरह समय निश्चित किया जाएगा जैसे कि मानो मैं यह जानती न होऊँ कि क्या ले जाना है और क्या छोड़ जाना है? हा—

(प्रस्थान)

शैतान की माँ के पास जाओ तुम तो। तुम्हारे अन्दर इतने गुण हैं कि यहाँ तो कोई भी तुम्हारे योग्य है नहीं।

हौर्टेंशियो! जहाँ तक उसके प्रेम का प्रश्न है, उसको तो हमारी तनिक भी परवाह नहीं है लेकिन हम ही अपनी ओर से प्रय: करके अपने हृदय में उत्साह और प्रेरणा भरते हैं। इस तरह हमारी रोटी तो दोनों ही तरफ़ से कच्ची है। अच्छा, विदा। फिर भी जो प्रेम मेरे हृदय में मेरी प्यारी बियांका के लिए है, उसी के नाते यदि किसी तरह मुझे कोई ऐसा योग्य व्यक्ति मिल गया जो उसको उन कलाओं को सिखा सका जिनके प्रति उसकी रुचि है, तो मैं अवश्य उसे उसके पिता के पास पहुँचाऊँगा।

हौर्टेंशियो : ऐसा ही मैं करूँगा श्रीमान् ग्रेमियो! लेकिन एक बात सुनिए। यद्यपि हमने अपनी पारस्परिक स्पर्धा के सम्बन्ध में कभी भी आपस में बातें नहीं की हैं फिर भी आप यह समझ लीजिए कि यह झगड़ा हम दोनों से सम्बन्ध रखता है। हो सकता है फिर हमें अपनी प्यारी बियांका के पास आने का अवसर प्राप्त हो, उस समय हम एक दूसरे के प्रतिरोधी होकर बियांका के प्रेम को जीतने की चेष्टा करेंगे, लेकिन उसके साथ एक बात का ध्यान पहले रखना चाहिए।

वह क्या?

हौर्टेंशियो : यही कि उसकी बहिन के लिए हमें कोई वर ढूँढना चाहिए।

कोई वर यानी कोई शैतान।

हौर्टेंशियो : मैं कहता हूँ, कोई वर।

लेकिन मैं कहता हूँ शैतान।

हौर्टेंशियो! यद्यपि उसका पिता धनी है लेकिन फिर भी क्या आप किसी

को इतना मूर्ख समझते हैं कि वह इस नारकीय पिशाचिनी से विवाह करने को तैयार होगा ?

हौर्टेंशियो : रहने दीजिए। यह ठीक है कि उसकी कर्कश वाणी और कटु बातों को हम अपना धैर्य रखकर नहीं सुन सकते लेकिन इस संसार में ऐसे भी लोग हैं जो इसकी तरफ़ विशेष ध्यान न देकर उसके सभी दुर्गुणों के होते हुए भी पर्याप्त धन लेकर उसके साथ विवाह कर लेंगे।

मैं तो नहीं कह सकता लेकिन इसके साथ दिए जाने वाले सारे दहेज को मैं तो एक ही शर्त पर ले सकता हूँ कि हरएक सुबह बड़े चौराहे पर इसके कोड़े लगाए जाएँ।

हौर्टेंशियो : ठीक है जैसा आप कहते हैं, लेकिन सड़े हुए सेबों में पसन्द करने की कम गुंजाइश होती है। आओ, बियांका के पिता के दृढ़ निश्चय के रूप में जो बाधा हमारे बीच में आ गई, उसने हमें आपस में मित्र बना दिया है। आगे भी यह मित्रता इसी प्रकार चलती रहेगी। हम किसी भी तरह बैप्टिस्टा की बड़ी लड़की के लिए कोई पति ढूँढेंगे और इस तरह बियांका के विवाह के मार्ग में जो बाधा है, उसे दूर करके अपना प्रेम-व्यापार फिर आरम्भ करेंगे।

प्यारी बियांका! सौभाग्यशाली व्यक्ति इस पुरस्कार को प्राप्त करे, वह व्यक्ति जो इस दौड़ में सबसे तेज़ भागकर विवाह की अँगूठी को प्राप्त कर ले। आपका क्या विचार है श्रीमान् ग्रेमियो ?

मुझे यह स्वीकार है। मैं तो सच यह चाहता हूँ कि मैं उस व्यक्ति को जो उसके साथ प्रेमालाप प्रारम्भ करके पूरी तरह उससे शादी कर ले और उसके साथ सहवास करके किसी तरह इस घर को उससे मुक्त कर दे, पैंडुआ का अच्छे से अच्छ घोड़ा ईनाम में दूँ।

(ग्रेमियो तथा हौर्टेंशियो का प्रस्थान)
(ट्रेनियो और ल्यूसैंशियो वहीं रह जाते हैं।)

मुझे बताइए श्रीमान्, क्या यह सम्भव है कि प्रेम एकाएक ही किसी पर आकर इतना अधिक अधिकार जमा ले ?

ल्यूसैंशियो : हाँ, अब जब मैंने इसको सच होता देख लिया है। इससे पहले तो मैंने भी कभी इसको सम्भव नहीं समझा ट्रेनियो! लेकिन देखो, मैं

उसकी ओर देखता हुआ पूरी तरह निष्क्रिय बना खड़ा रहा, तभी इस निष्क्रियता में मैंने प्रेम का प्रभाव देखा और अब मैं तुम्हारे सामने यह स्पष्ट रूप से स्वीकार करता हूँ ट्रेनियो, कि मैं उसके विरह में जल रहा हूँ, मेरी आत्मा तड़प रही है। यदि मैं इस सुन्दरी और सुशील युवती को नहीं प्राप्त कर सका तो मेरा जीवन नष्ट हो जाएगा। ट्रेनियो! मुझे कुछ सलाह दो इस सम्बन्ध में क्योंकि मैं जानता हूँ, तुम दे सकते हो। मेरी सहायता करो ट्रेनियो, मुझे तुम्हारा भरोसा है। तुम मेरे उतने ही प्यारे और विश्वसनीय मित्र हो जितनी कार्थेज की रानी की ऐना[1] थी।

स्वामी! अब आपका विरोध करने का यह समय नहीं है, फिर विरोध करने या बुरा कहने से आप किसी के हृदय से इस प्रेम के प्रभाव को नहीं हटा सकते। अगर प्रेम ने आपको अपने वश में कर लिया है तो यह समझ लीजिए कि कोई भी चीज़ सदा एक-सी स्थिति में कभी नहीं रहती, इसलिए जितनी आसानी से हो सके अपने आपको इस बन्धन से मुक्त कर लीजिए।

ल्यूसैंशियो : परमात्मा बचाए ट्रेनियो! आगे कहो, इससे मुझे सन्तोष मिलता है, इसी तरह आगे की बात से भी मिलेगा क्योंकि तुम्हारी सलाह पूरी तरह ठोस है।

स्वामी! आप काफ़ी देर तक उस युवती की तरफ़ देखते रहे थे, शायद आपने सबसे अधिक महत्त्वपूर्ण बात को नहीं देखा।

ल्यूसैंशियो : क्यों नहीं, मैंने उसके चेहरे पर उस एजिनर की पुत्री का-सा अपूर्व सौन्दर्य देखा जिसके कारण स्वयं देव जूपीटर को वृषभ का रूप धारण करके क्रीट की भूमि पर घुटनों के बल खड़े होकर उस सुन्दरी की विनती करनी पड़ी थी।

इसके अलावा आपने और कुछ नहीं देखा? क्या आपने नहीं देखा कि किस तरह उसकी बहिन ने चिल्लाकर एक तूफान-सा मचा डाला था, जिसको साधारण मनुष्य के कान तो मुश्किल से ही बरदाश्त कर

: कार्थेज की रानी डीडो की बहिन जो उसके जीवन के गुप्त रहस्यों में भाग लेती थी।

हैं ?

ल्यूसैंशियो : ट्रेनियो! मैंने तो मूँगे जैसे उसके लाल ओठों को हिलते हुए देखा था। उसने अपनी श्वास से वायु को मधुर और सुगन्धित कर दिया था, यही सब कुछ मैंने देखा था।

तब तो इस बेहोशी से आपको जगाने का यह उचित समय है। जागिए श्रीमान्! अगर आप उस युवती से प्रेम करते हैं तो फिर अपने विचार और बुद्धि को सन्तुलित करके उसको प्राप्त करने का निश्चय कर लीजिए। मूल बात यह है कि उसकी बड़ी बहिन बड़ी ही कुटिल और दुष्टा है, इसलिए जब तक उसके पिता को उसके लिए वर नहीं मिल जाएगा तब तक श्रीमान् आपका प्रेम कुँवारी कन्या की तरह अपने घर ही रहेगा। यही कारण है कि उसके पिता ने उसको अन्दर बन्द कर दिया है क्योंकि इस तरह नित आते प्रेमियों से उसका चित्त परेशान तो नहीं होगा।

ल्यूसैंशियो : आह ट्रेनियो! कैसा क्रूर है वह पिता! लेकिन क्या तुमने यह नहीं सुना है कि उसका पिता उस युवती को कलाओं की शिक्षा देने के लिए किन्हीं अध्यापकों की खोज में है ?

अवश्य श्रीमान्! और इसके लिए मैंने एक योजना तैयार की है।

ल्यूसैंशियो : मैंने भी की है ट्रेनियो!

स्वामी! मेरे विचार से आपकी और मेरी दोनों की योजनाएँ एक में ही मिल जाएँगी।

ल्यूसैंशियो : अच्छा, तो पहले तुम अपनी योजना बताओ।

आप एक अध्यापक बनकर उस युवती को पढ़ाने का काम अपने हाथ में लेंगे। यही आपकी योजना है न ?

ल्यूसैंशियो : यही है ट्रेनियो! लेकिन काश, ऐसा हो!

यह सम्भव नहीं है क्योंकि यहाँ पैंडुआ में आपके स्थान पर विन्सैंशियो का पुत्र कौन बनेगा ? कौन उसी तरह घर रखकर आपकी तरह मित्रों का स्वागत करना, देशवासियों से मिलना, उनको दावत देना, यह सब कुशलतापूर्वक करेगा ?

ल्यूसैंशियो : बस, अब तुम धैर्य रखो क्योंकि सारी योजना मेरे दिमाग में बैठ गई है। अभी तक हम न तो किसी के घर गए हैं और न हमारी

शक्ल-सूरत से कोई हमें पहचानता है कि कौन तो स्वामी है और कौन सेवक है। इसलिए अब योजना इस तरह बनी है—तुम तो मेरे स्थान पर स्वामी बन जाओगे और जिस प्रकार मैं घर का स्वामी हूँ, अब तुम हो जाओगे, इसी तरह मेरे सेवकों पर तुम्हारा अधिकार होगा और तुम मेरी-सी ही वेशभूषा अपनी कर लोगे, मैं अपना रूप बदल लूँगा। या तो मैं कोई फ्लोरेंस निवासी हो जाऊँगा या नेपिल्स-निवासी या पीसा का निम्न वर्ग का व्यक्ति बन जाऊँगा। बस इतने विचार के बाद यह योजना निकली, और अब यही होगा। ट्रेनियो! तुरन्त अपनी वेशभूषा बदल डालो। मेरा यह रंगीन टोप और चोगा ले लो। जब बॉइंडैलो आएगा तो वह तुम्हारा परिचारक होगा लेकिन इससे पहले मुझे उसकी ज़बान थामनी पड़ेगी।

इसकी तो आवश्यकता होगी। संक्षेप में बात यह है श्रीमान्! कि जब आपकी यही इच्छा है तो मैं तो सदा आपकी आज्ञा पालन करने की शपथ ले चुका हूँ। बिछुड़ते समय आपके पिता ने मुझे यह आज्ञा दी कि मैं आपकी सेवा करूँ, यद्यपि उनका तात्पर्य कुछ दूसरा ही था। ठीक है। मैं ल्यूसैंशियो बनने के लिए तैयार हूँ क्योंकि ल्यूसैंशियो के प्रति मेरे हृदय में श्रद्धा और प्रेम है।

ल्यूसैंशियो : ऐसा ही करो ट्रेनियो! क्योंकि ल्यूसैंशियो भी प्रेम करता है। उस सुन्दरी को प्राप्त करने के लिए जिसकी अकस्मात् दृष्टि ने मेरी दृष्टि को घायल करके अपना दास बना लिया है, मुझे एक निम्न दास बन जाने दो।

(बॉइंडैलो का प्रवेश)

वह बदमाश तो यहाँ आ पहुँचा। क्यों, अब तक कहाँ थे तुम?

बॉइंडैलो : कहाँ था मैं? यह क्या, आप कहाँ हैं? स्वामी! क्या इस ट्रेनियो ने आपके कपड़े चुरा लिए हैं या आपने इसके चुरा लिए हैं, या दोनों ने ही एक-दूसरे के कपड़े चुरा लिए हैं, बताइए, बात क्या है?

ल्यूसैंशियो : सुनो मूर्ख! यह समय हँसी-मज़ाक करने का नहीं है, इसलिए समय के अनुसार अपना व्यवहार बदल लो। मेरी जीवन-रक्षा के लिए ही ट्रेनियो ने मेरी वेशभूषा धारण कर ली है और किसी तरह बचकर निकल जाने के लिए मैंने उसके वेश में अपने आपको छिपा लिया है।

यहाँ आने पर मेरा किसी से झगड़ा हो गया था, उसमें मैंने एक आदमी को मार दिया था। पकड़े जाने के डर से ही मैंने यह सब कुछ किया था। इसीलिए मेरी आज्ञा मानकर तुम ट्रेनियो को ही अपना स्वामी समझकर उसकी आज्ञा का पालन करो और मैं अपनी जान बचाने के लिए यहाँ से भागता हूँ। समझ गए न?

बॉइंडैलो : रत्ती-भर भी इधर से उधर नहीं होगा श्रीमान्!

ल्यूसैंशियो : ज़बान पर ट्रेनियो का नाम या ज़िक्र तनिक भी नहीं आना चाहिए क्योंकि ट्रेनियो तो अब ल्यूसैंशिया बन गया है।

बॉइंडैलो : और भी अच्छा है उसके लिए। काश! मेरा भी ऐसा ही भाग्य होता! बॉइंडैलो! काश! इसके बाद की भी इच्छा पूर्ण हो जाए कि ल्यूसैंशियो को वास्तव में बैप्टिस्टा की छोटी पुत्री प्राप्त हो जाए। लेकिन तुम सुन लो, अपने लिए नहीं बल्कि अपने स्वामी के हित के लिए कहता हूँ कि परिस्थिति देखकर जैसा उचित हो उसी प्रकार का कुशल व्यवहार किया करो। जब मैं अकेला हूँ तब तो मैं ट्रेनियो ही हूँ, लेकिन दूसरों के सामने अन्य स्थानों पर तुम्हारा स्वामी ल्यूसैंशियो हूँ।

ल्यूसैंशियो : ट्रेनियो! आओ चलें। एक बात का और ध्यान रखना कि तुम्हें इन प्रेमियों के बीच एक प्रेमी बनना है। तुम पूछोगे क्यों? तो इसके लिए इतना ही पर्याप्त है कि मैं किसी ठोस और बड़े कारण से ही तुमसे यह बात कह रहा हूँ।

(प्रस्थान)
(नाटक प्रस्तुतकर्ता ऊपर से बोलते हैं)

पहला सेवक : स्वामी! आप सिर हिला रहे हैं। आपको यह नाटक अच्छा लगा न?

भिखारी : सेन्ट ऐने की शपथ खाकर कहता हूँ, बड़ा अच्छा खेल है। क्या अभी और होगा?

गृह-स्वामिनी : मेर स्वामी! अभी तो इसका प्रारम्भ हुआ है।

भिखारी : श्रीमती पत्नी! यह तो बड़ा ही अच्छा नाटक है। काश! यह पूरा हो जाए!

(वे बैठकर देखते हैं।)

दृश्य 2

(पैटूशियो तथा उसके सेवक ग्रूमियो का प्रवेश)

पैटूशियो : वेरोना! मैं तुझे छोड़कर अपने मित्रों से मिलने पैंडुआ को जाता हूँ। मेरा सबसे अधिक अभिन्न और प्रिय मित्र हौटेंशियो है, सम्भवतया यही उसका घर है। ग्रूमियो! जाकर खटखटाना।

खटखटाना श्रीमान्? किसको खटखटाऊँ? क्या किसी आदमी ने श्रीमान् को गाली दी है?

पैटूशियो : धूर्त, मैं कहता हूँ, कि यहाँ ज़ोर से खटखटा।

क्या आपको खटखटाऊँ श्रीमान? क्यों? मैं कौन हूँ श्रीमान् जो आपको यहाँ खटखटाऊँ?

पैटूशियो : बदमाश, कमीने मैं कहता हूँ मुझको इस दरवाज़े पर खटखटाओ और ज़ोर से शोर मचाते हुए खटखटाओ नहीं तो मैं फिर तुम्हारे सिर को खटखटाऊँगा धूर्त!

मेरे स्वामी तो झगड़ा करने पर उतारू हो गए हैं। मैं पहले आपको खटखटाऊँ, फिर बाद में मैं जानता हूँ कि सबसे बुरी हालत किसकी बनेगी।

पैटूशियो : क्या तुम नहीं खटखटाओगे? तो फिर मैं अब तुम्हें बजाता हूँ। अब मैं तुम्हें गवाऊँगा। गाओ।

(वह उसके दोनों कान पकड़ कर मरोड़ने लगता है।)

बचाइए स्वामिनी! बचाइए। स्वामी पागल हो गए हैं।

पैटूशियो : अब खटखटाओ, मैं आज्ञा देता हूँ। धूर्त, कमीने!

(हौटेंशियो का प्रवेश)

हौटेंशियो : कैसे, क्या बात है? मेरा पुराना दोस्त ग्रूमियो और मेरे अच्छे दोस्त पैटूशियो? आप दोनों वेरोना में कैसे?

पैटूशियो : श्रीमान् हौटेंशियो! क्या आप बीच-बचाव करने आए हैं? सच, आपसे मिलकर बड़ी प्रसन्नता हो रही है।

हौटेंशियो : सम्माननीय श्रेष्ठ पैटूशियो! मैं अपने घर पर आपका स्वागत करता हूँ।[1]

हौटेंशियो इस वाक्य को लेटिन भाषा में बोलता है।

उठो ग्रूमियो! उठो! हम इस झगड़े को तय कर देंगे।

जो कुछ आपने लेटिन में कहा है, वह कोई बात नहीं है श्रीमान्! अब आप ही देखिए कि क्या इनकी नौकरी छोड़ देने के मेरे पास पर्याप्त कारण नहीं हैं? पहले इन्होंने मुझे आज्ञा दी कि मैं इनको खटखटाऊँ, इतना ही नहीं ज़ोर से पूरा शोर मचाकर खटखटाने की आज्ञा थी श्रीमान्! अब आप ही तो देखिए कि क्या एक सेवक के लिए अपने स्वामी के प्रति इस प्रकार का व्यवहार करना उचित था? क्या यह बहुत अधिक नहीं हो जाता? अगर मैं इनको पहले खटखटा देता तो भगवान् की सौगन्ध क्या इस ग्रूमियो की और भी अधिक दुर्गति नहीं हो जाती?

पैट्रूशियो : निरा मूर्ख है धूर्त!

श्रेष्ठ हौर्टेंशियो! मैंने इस बदमाश से आपका दरवाज़ा खटखटाने के लिए कहा था और सच, कितना भी कहने पर इस धूर्त ने वह काम नहीं किया।

दरवाज़ा खटखटाने के लिए कहा था? ओ परमात्मा! क्या आपने केवल यही नहीं कहा था कि ग्रूमियो, मुझको यहाँ खटखटा दो। ज़ोर से खटखटाना। अच्छी तरह शोर मचाकर खटखटाना और अब दरवाज़ा खटखटाने की बात कह रहे हैं?

पैट्रूशियो : बस बातें मत बना बदमाश! चला जा यहाँ से।

हौर्टेंशियो : शान्त रहिए पैट्रूशियो! मैं ग्रूमियो का दोस्त हूँ। यह तो आपके तथा आपके पुराने विश्वासपात्र और अच्छे सेवक ग्रूमियो के बीच बड़ी दुखद घटना घट गई। खैर, प्रिय साथी! अब यह बताइए कि किस सुख की कल्पना करके आप वेरोना छोड़कर पैंडुआ जा रहे हैं?

पैट्रूशियो : उस सुख की कल्पना जो नवयुवकों को अपने घर से दूर संसार में अपने भाग्य की परीक्षा करने के लिए भटका देती है। घर पर रहकर तो कुछ ही लोग थोड़ा-सा अनुभव प्राप्त कर पाते हैं। श्रीमान् हौर्टेंशियो! मेरे पिता एन्टोनियो का स्वर्गवास हो चुका है और अब मैंने आपको इस परेशानी में डाल लिया है कि विवाह करके जितना अधिक मुझसे हो सके अपने को समृद्ध बनाऊँ। मेरी जेब में यह मुद्राएँ हैं और घर पर मेरा माल है, इसीलिए अब मैं घर से बाहर दुनिया को देखने के

लिए आया हूँ।

हौर्टेंशियो : पैट्रूशियो ! तो फिर क्या आपसे खुलकर कह दूँ ? क्या आप एक कुटिल कर्कशा से विवाह करना पसन्द करेंगे ? मेरी इस सम्मति के लिए आप मुझे बहुत थोड़ा ही धन्यवाद देंगे लेकिन फिर भी मैं आपसे पक्के तौर से कहता हूँ कि वह स्त्री बहुत धनवान है। लेकिन मित्र ! आप भी तो किसी तरह कम नहीं हैं इसलिए छोड़िए, मैं नहीं चाहता कि आप उसके साथ विवाह करें।

पैट्रूशियो : श्रीमान् हौर्टेंशियो ! हम जैसे मित्रों के बीच तो कुछ ही शब्द पर्याप्त हैं, इसीलिए अगर आप किसी ऐसी धनी स्त्री को जानते हैं जो पैट्रूशियो की पत्नी होने योग्य है, तो फिर यह शंका क्यों ? (धन तो मेरे विवाह के नृत्य का गीत है) वह चाहे फ्लोरेंटियस की प्रेमिका की तरह कुरूप क्यों न हो, सिबील की तरह बुड्ढी या सुकरात की पत्नी जैंथीपे की तरह कुल्टा और कर्कशा क्यों न हो, या इनसे भी बुरी हो, मेरे हृदय पर इस सबका कोई प्रभाव नहीं पड़ता और न इन सभी दोषों के कारण उसके प्रति मेरे हृदय का प्रेम कम हो सकता है, चाहे वह ज्वार में उठते हुए ऐड्रियाटिक सागर की तरह उबड़-खाबड़ और भद्दी क्यों न हो। मैं तो पैंडुआ में किसी धनी स्त्री से विवाह करने आया हूँ, यदि ऐसा हो गया तो मैं हर्ष के साथ पैंडुआ में रहूँगा।

ग्रूमियो : श्रीमान् सुन रहे हैं ? ये खुले रूप से आपके सामने अपने दिल की बात कह रहे हैं। इन्हें तो ढेर सारा सोना दे दीजिए, फिर चाहे किसी कठपुतली से या 'डबलैट' बाँधने के फ़ीतों के सिरे पर लटकी हुई उस पीतल की मुनिया से इनका विवाह कर दीजिए, इतना ही नहीं, एक बार तो ये उस बुढ़िया से भी विवाह करने को तैयार हो जाएँगे जिसके मुँह में एक भी दाँत नहीं होगा और बावन घोड़ों के शरीर में जितनी बीमारियाँ होंगी, वे चाहे सभी उसके शरीर में हों। अगर धन मिल जाए तो फिर किसी तरह का दोष रहता ही नहीं है।

हौर्टेंशियो : पैट्रूशियो ! चूँकि हम इस बात को लेकर काफ़ी आगे तक बढ़ आए हैं, इसलिए मैं कहूँगा कि मैं तो यह सब मज़ाक़ कर रहा था। मैं एक ऐसी स्त्री से अवश्य आपका विवाह करा सकता हूँ जो धनवान,

सुन्दरी और एक कुलीन युवती है लेकिन दोष उसमें सिर्फ़ इतना ही है, और वह काफ़ी बड़ा दोष है कि वह कुटिल, कर्कशा और बड़े ही उत्तेजित स्वभाव की है। क्रुद्ध होती है तो कोई सीमा नहीं रहती। ऐसी स्त्री के साथ मैं तो चाहे मेरी स्थिति इससे कहीं बहुत बुरी होती, सोने की एक पूरी खान के बदले भी विवाह करने को तैयार नहीं होता।

पैट्रूशियो : शान्त रहिए हौर्टेंशियो! आप सोने का मूल्य नहीं जानते। आप उस स्त्री के पिता का नाम बता दीजिए, बस इतना ही काफ़ी है। चाहे वह हेमन्त ऋतु में गरजते बादलों की तरह क्यों न गरजने लगे लेकिन मैं अवश्य उसके साथ विवाह करूँगा।

हौर्टेंशियो : उसके पिता का नाम बैप्टिस्टा मिनोला है। बड़ी ही सरल और उदार प्रकृति के मनुष्य हैं। उस लड़की का नाम कैथरिना मिनोला है। अपने कर्कश स्वर के लिए सारे पैंडुआ में प्रसिद्ध है।

पैट्रूशियो : मैं उसको तो नहीं जानता हूँ लेकिन उसके पिता से मेरी जानकारी है। वे मेरे पिता को अच्छी तरह जानते थे। हौर्टेंशियो! अब तो जब तक उस स्त्री को देख न लूँगा तब तक नहीं सोऊँगा। इसलिए निस्संकोच होकर मैं आपसे कहता हूँ कि अगर आप मेरे साथ उधर चलने के लिए तैयार नहीं हैं तो फिर मुझे विवश होकर आपसे इस पहली मुलाकात के समय विदा लेनी पड़ेगी।

जब तक इनकी यह सनक चलकर खत्म न हो जाए, श्रीमान्, आप कृपा करके इन्हें जाने भी दीजिए। सच मानिए, जिस अच्छी तरह से मैं इनको जानता हूँ, वह भी पूरी तरह इनको पहचान गई तो यही सोचने लगेगी कि इनको झिड़कने से उसको बहुत कम लाभ होगा। वह चाहे इनको बीस तरह का धूर्त कहकर पुकारे, उससे कुछ भी नहीं होगा। अगर एक बार इन्होंने शुरुआत कर दी तो ये ऐसे बदमाश हैं कि अगर इन्होंने झिड़कना शुरू किया तो मैं सच कहता हूँ कि श्रीमान्, टिकना मुश्किल हो जाएगा उसके लिए। मालूम है ये क्या करेंगे, मुँह पर एक हाथ मारेंगे तो सारी शक्ल बिगाड़ देंगे। एक बिल्ली को छोड़कर कुछ भी देखने के लिए आँखें नहीं बचेंगी। आप नहीं जानते हैं इन्हें श्रीमान् ।

हौर्टेंशियो : पैट्रूशियो! ठहरिए, मैं आपके साथ चलूँगा क्योंकि मेरी निधि भी तो बैप्टिस्टा के पास है। उसके पास मेरे जीवन का रत्न है, वही उसकी छोटी पुत्री बियांका जिसको उसने मुझसे दूर रखा है। मेरे प्रतिद्वन्द्वी उसके अन्य भी प्रेमी हैं जो कैथरिना के उन दोषों के कारण जो मैंने आपको बताए हैं, किसी के साथ उनका विवाह होना असम्भव मान चुके हैं, इसीलिए बैप्टिस्टा ने यह निश्चय कर लिया है कि जब तक उस कर्कशा और कुटिला कैथरिना को कोई वर नहीं मिल जाएगा तब तक कोई भी बियांका के पास तक नहीं पहुँच सकेगा।

कैथरिना कर्कशा और कुटिला! सच, एक स्त्री के लिए इससे भी बुरे विशेषण और क्या हो सकते हैं?

हौर्टेंशियो : तो क्या मेरे मित्र पैट्रूशियो मेरा इतना उपकार करेंगे कि अपनी वेशभूषा बदलकर संगीत में पारंगत एक अध्यापक बनकर बियांका को पढ़ाने के लिए उसके पिता वृद्ध बैप्टिस्टा के पास जायें जिससे कम से कम मैं इस तरकीब से बियांका से मिलकर उससे अपना प्रेम तो प्रकट कर सकूँ और फिर छिपे ही छिपे उसकी इच्छा को अपने वश में करके उसके साथ विवाह कर सकूँ।

(ग्रेमियो तथा ल्यूसैंशियो का वेश बदले हुए प्रवेश)

यहाँ तो कोई धूर्तता नहीं है। बुड्ढों को चक्कर में डालने के लिए जवान लोग कैसे एक साथ मिलकर योजना बनाते हैं, देखा!

ओ, स्वामी! देखिए आपके पास। कौन जा रहा है वहाँ? हा।

हौर्टेंशियो : शान्त रहो ग्रूमियो। यह तो इस प्रेम में मेरा प्रतिद्वन्द्वी है। पैट्रूशियो! थोड़ा ठहरिए।

यह तो प्रेम में उलझा कोई नवयुवक है।

ग्रेमियो : बहुत अच्छा, मैंने पुस्तकों की सूची को देख लिया है और सुनिए श्रीमान्! प्रेम की उन सारी पुस्तकों को बँधवा भी अच्छी तरह दूँगा। कभी भी आप उनको देख सकते हैं, और सुनिए इनको छोड़कर और कोई भाषण उनको पढ़कर मत सुनाइए। समझ रहे हैं न आप मेरी बात? जहाँ तक श्रीमान् बैप्टिस्टा की उदारता है वहाँ तक तो ठीक है, इसके अलावा मैं रक़म देकर भी यह काम बना सकता हूँ। अपना

कागज़ भी ले लीजिए, लाइए मैं इसे सुगन्धित कर दूँ क्योंकि जिसके पास यह जा रहा है वह इत्र से भी अधिक सुगन्धि से पूर्ण है। आप उसके सामने पढ़ेंगे क्या?

ल्यूसैंशियो : मैं कुछ भी उसके सामने पढ़ूँ लेकिन आप विश्वास रखिए कि अपने संरक्षक की तरह आपके पक्ष को वहाँ दृढ़ करूँगा। सम्भवतया आपसे अधिक कुशलता पूर्ण ढंग से मैं उससे इस तरह बातें करूँगा जैसे जब तक आप विद्वान् नहीं होते, कभी नहीं कर पाते। विश्वास रखिए, आपका सारा कार्य पूरी सफलता के साथ कर लूँगा।

ओह यह विद्वत्ता! यह भी कैसी चीज़ है!

ओह यह बटेर, कैसा मूर्ख है यह!

पैट्रुशियो : चुप रहो।

हौर्टेंशियो : ग्रूमियो! चुप रहो! परमात्मा आपको बचाए ग्रेमियो।

अरे, श्रीमान् हौर्टेंशियो! आप अच्छे मिले! क्या आप जानते हैं कि मैं किधर जा रहा हूँ? मैं बैप्टिस्टा मिनोला के पास जा रहा हूँ। मैंने सुन्दरी बियांका के लिए एक अध्यापक खोजने का वायदा किया था, सौभाग्य से मुझे यह नवयुवक मिल गया है। अपनी विद्वता और व्यवहार के कारण यह उस सुन्दरी को पढ़ाने के लिए सर्वथा उपयुक्त है। काव्य सम्बन्धी तथा अन्य अच्छे-अच्छे ग्रन्थ इसने पढ़े हैं।

हौर्टेंशियो : यह ठीक रहा। मुझे भी एक सज्जन ऐसे मिल गए हैं जिन्होंने मुझसे मेरी मदद करने का वायदा कर लिया है। हमारी प्रिया को वे संगीत सिखाएँगे, इस तरह मैं भी अपनी प्यारी उस सुन्दरी बियांका के प्रति अपना कर्त्तव्य पालन करने में तनिक भी पीछे नहीं रहूँगा।

प्यारी तो वह मेरी है। इसको मेरे कार्य सिद्ध कर देंगे।

इनका धन सिद्ध करेगा उसे तो।

हौर्टेंशियो : ग्रेमियो! अपने प्रेम का प्रदर्शन करने का यह समय नहीं है। सुनिए, अगर आप मुझे निष्पक्ष और सच्चा मानें तो मैं आपसे ऐसी बात कहूँ जिसमें हम दोनों का भला है। अकस्मात् ही मुझे एक ऐसे सज्जन मिल गए हैं जो उस कर्कशा कैथरिना से इस शर्त पर विवाह करने को तैयार हैं कि इनका मनपसन्द दहेज़ उन्हें मिलना चाहिए।

यह वायदा मैंने इनसे कर दिया था।

ग्रेमियो : इधर कह दिया और उसी तरह काम हो गया, यह तो ठीक है लेकिन हौर्टेंशियो! क्या आपने इनको उस कर्कशा के सारे दोषों को भी बता दिया है?

पैट्रूशियो : मैं जानता हूँ कि वह कुछ चिड़चिड़ी, झगड़ालू किस्म की बकबक करने वाली स्त्री है। ठीक है श्रीमान्! अगर यही दुर्गुण उसमें है तो मुझे उससे विवाह करने में किसी प्रकार की हानि नहीं है।

क्या कह रहे हैं, कोई हानि नहीं है? किस देश के निवासी हैं मेरे मित्र?

पैट्रूशियो : बेरोना में मेरा जन्म हुआ था। वृद्ध ऐन्टोनियो का पुत्र हूँ। मेरे पिता का स्वर्गवास हो चुका है लेकिन फिर भी मेरा भाग्य मेरे साथ है। मेरा विश्वास है कि अच्छे दिन आएँगे और बहुत दिनों तक रहेंगे।

ओह श्रीमान्, ऐसी पत्नी के साथ तो जीवन बड़ा विचित्र होगा लेकिन परमात्मा के नाम पर अगर आपने इसका इरादा ही कर लिया है तो अवश्य मैं आपकी हर तरह से सहायता करूँगा। लेकिन, क्या आप इस जंगली बिल्ली से शादी करेंगे?

पैट्रूशियो : क्या मैं जीवित रहूँगा?

क्या ये उस कर्कशा से शादी करेंगे? अवश्य, नहीं तो मैं इसे फाँसी पर लटका दूँगा।

पैट्रूशियो : मैं इधर उसी इरादे से ही तो आया हूँ। क्या आप सोचते हैं कि थोड़ा शोरगुल मेरे कानों को डरा देगा? क्या मैंने अपने समय में शेरों को गरजते हुए नहीं सुना है? मैंने तो तूफानी हवाओं के बीच क्रोध से भरे हुए जंगली सूअर की तरह समुद्र को भयानक आवाज़ करते हुए सुना है। युद्ध-भूमि में मैंने तोपों की भीषण गर्जना सुनी है और यह तो क्या, कौंधती बिजली और फटते हुए बादलों का भीषण भयावह नाद मैंने सुना है। आप मुझसे एक औरत की आवाज़ की बात कह रहे हैं, श्रीमान्! मैंने युद्ध के बीच भेरी और नक्कारों के तुमुल नाद के साथ अश्वों को भीषण वेग से हिनहिनाते सुना है, और ऐसा तीव्र और भीषण स्वर मेरे कानों से आकर टकराया है कि इस औरत

की आवाज़ तो उसके आधे से भी कम ऐसी होगी जैसे किसान की आग में अखरोट चटकता है।

छोड़िए यह सब कुछ, भूतों की कहानी सुनाकर तो बच्चों को डराइए।

क्योंकि इनको किसी से डर नहीं लगता है।

ग्रेमियो : हौर्टेंशियो! सुनिए, इन सज्जन का यहाँ आना बड़ा अच्छा रहा। इसमें इनका और हमारा दोनों का भला है।

हौर्टेंशियो : मैंने इनसे यह वायदा कर लिया है कि हम सब मिलकर जो कुछ भी इनके विवाह में खर्च होगा, उसको जुटा देंगे।

हमें स्वीकार है बशर्ते ये उसके साथ शादी कर पाएँ।

कैसा अच्छा हो कि एक शानदार दावत की बात पक्की हो जाए!

(स्वामी के रूप में ट्रेनियो और उसके साथ बॉइंडैलो का प्रवेश)

श्रीमान्, परमात्मा आपकी रक्षा करे। क्या मैं यह पूछने का साहस कर सकता हूँ कि श्रीमान् बैप्टिस्टा मिनोला के घर को सीधा रास्ता कौन-सा है?

बॉइंडैलो : वे सज्जन जिनकी दो पुत्रियाँ हैं, उन्हीं से मतलब है न आपका?

हाँ, वे ही बॉइंडैलो!

सुनिए श्रीमान्! आपका मतलब उस लड़की से—

जी हाँ, मेरा मतलब उस लड़की और उसके पिता दोनों से है। आपको क्या मतलब इस सबसे?

पैटूशियो : कृपा करके यह तो बताइए कि आपका मतलब उस लड़की से तो नहीं है जो सदा दूसरों को डाँटती फटकारती है?

झगड़ालू मनुष्यों के प्रति मेरा कोई आकर्षण नहीं है, श्रीमान्! बॉइंडैलो! चलो यहाँ से।

ल्यूसैंशियो : अच्छी शुरुआत की ट्रेनियो।

हौर्टेंशियो : श्रीमान्! जाने से पहले मेरी एक बात सुन जाइए। क्या आप जिस लड़की के बारे में बातें कर रहे हैं, उसके प्रेमी हैं? बताइए हैं या नहीं?

और अगर मैं होऊँ तो श्रीमान्! क्या यह किसी तरह का अपराध

जी नहीं। अब आप बिना कुछ आगे बोले यहाँ से चले जाइए।

क्यों श्रीमान् ? क्या इन रास्तों पर आपका और मेरा समान अधिकार नहीं है ?

लेकिन उस लड़की पर तो समान अधिकार नहीं है।

किस कारण से ? कृपा करके बताइए तो।

अगर आप जानना ही चाहते हैं तो इस कारण से कि वह ग्रेमियो की प्रिया है।

हौर्टेंशियो : इस कारण से कि वह हौर्टेंशियो की प्रिया है।

ज़रा ठहरिए श्रीमान्! कुछ मुझे भी कहने की आज्ञा दीजिए और धैर्य से मेरी बात सुनिए। बैप्टिस्टा एक श्रेष्ठ और उदार वृत्ति के मनुष्य हैं। मेरे पिता से उनका परिचय था। अगर उनकी पुत्री इससे भी अधिक जैसी वह है, सुन्दरी होती तो चाहे उसके कितने भी प्रेमी होते लेकिन मैं भी उसका एक प्रेमी होता। लीडा की उस सुन्दरी पुत्री हैलिन के एक सहस्र प्रेमी थे, तो फिर बियांका का एक प्रेमी और बढ़ जाए तो इसमें हानि क्या है। वह इसको स्वीकार कर लेगी, अब चाहे पैरिस अकेले अपनी ही सफलता की आशा में क्यों न आए, लेकिन ल्यूसैंशियो उस सुन्दरी का एक प्रेमी बनकर रहेगा।

अरे, इस तरह बातों में तो ये सज्जन हम सबको चुप करा देंगे।

ल्यूसैंशियो : श्रीमान्, इनकी बात सुन लीजिए। मैं जानता हूँ, थोड़ी ही देर में ये अपने आपको उस घोड़े जैसा साबित करेंगे जो बहुत जल्दी थक जाता है।

पैट्रूशियो : श्रीमान्, क्या मैं यह पूछने का साहस कर सकता हूँ कि आपने कभी बैप्टिस्टा की पुत्री को देखा है ?

जी नहीं, लेकिन सुना है, कि उनके दो पुत्रियाँ हैं। एक तो कर्कशा के नाम से चारों तरफ़ प्रसिद्ध है और दूसरी अपने शील और सौन्दर्य के लिए प्रसिद्ध है।

पैट्रूशियो : श्रीमान्, वह पहली तो मेरे लिए है, उसे तो मेरे लिए छोड़ दीजिए।

श्रीमान्! इस काम को तो महान् हरक्यूलीज़ के लिए छोड़ दीजिए और ऐल्सिडीज़ की बारहों से भी अधिक रखिए इसे।

पैट्रूशियो : श्रीमान्! मेरी इस बात का पूरा विश्वास करिए कि बैप्टिस्टा

की छोटी लड़की के पास, जिससे आप प्रेम करते हैं, आप कभी नहीं पहुँच सकते क्योंकि उसके पिता ने उसको अन्दर बन्द करके रखा है और तब तक वह किसी प्रेमी को उसके पास नहीं जाने देगा जब तक उसकी बड़ी लड़की का पहले विवाह न हो जाए। इसके बाद फिर छोटी मुक्त हो जाएगी।

श्रीमान्, फिर तो अगर आप ही वे व्यक्ति हैं जो अन्य प्रेमियों के साथ मुझको भी लाभ पहुँचाने आए हैं तो फिर इस कठिनाई को समाप्त करिए और बड़ी लड़की से विवाह कर लीजिए। इस तरह आपके कारण ही छोटी लड़की हमारे लिए मुक्त हो जाएगी, फिर जो भी इतना सौभाग्यशाली होगा कि उसे प्राप्त करे, वह कभी भी आपके प्रति कृतघ्न नहीं होगा।

हौर्टेंशियो : श्रीमान्! आप ठीक कहते हैं और मन में कल्पना भी अच्छी करते हैं। जब आप स्वयं ही एक प्रेमी बनते हैं तो फिर अवश्य आप भी एक रहेंगे लेकिन पहले हमारी तरह इन महाशय को सन्तुष्ट कर दीजिए जिनके ऊपर हम सबका दारोमदार है।

ठीक है श्रीमान्! मैं इसमें किसी भी तरह पीछे नहीं रहूँगा। आज दोपहर के बाद बैठकर अगर आप चाहें, तो यह सारा कार्य सम्पन्न करा दें और फिर अपनी प्रिया के स्वास्थ्य के लिए खुलकर पिएँ और जैसे वैध रूप से प्रतिद्वन्द्वी करते हैं, अपनी पूरी शक्ति लगाकर अपने लिए प्रयत्न करें लेकिन फिर भी परस्पर मित्रों की तरह खाएँ-पिएँ और मस्त रहें।

बॉइंडैलो : वाह! क्या ही अच्छी बात है! अच्छा तो अब चलना चाहिए।

हौर्टेंशियो : बात तो वाक़ई अच्छी है, और काश! यह पूरी भी हो जाए।

पैटूशियो! : मैं तो आपका स्वागत करने के लिए रहूँगा।

(प्रस्थान)

दूसरा अंक

दृश्य 1

(कैथरिना तथा बियांका का प्रवेश)

बियांका : मेरी अच्छी बहिन! अपने और मेरे प्रति ऐसा अन्याय मत करो कि तुम मुझे एक दासी बनाकर यहाँ रखो। मुझे इससे घृणा है। मेरे इन चमकीले दिखावटी कपड़ों को छोड़ दो, मैं स्वयं ही इन्हें उतारकर फेंक दूँगी। पेटीकोट तक सब कुछ उतार दूँगी और जैसा भी तुम कहोगी वैसा ही मैं करूँगी क्योंकि मैं बड़ों के प्रति अपने कर्त्तव्य को भली-भाँति जानती हूँ लेकिन मेरे हाथ खोल दो बहिन!

जितने भी तुम्हारे प्रेमी हैं, उनमें से किसको तुम सबसे अधिक चाहती हो, यह तो बताओ। धोखा मत देना, समझे।

बियांका : विश्वास करो मेरी बहिन! इन प्राणियों में से कोई भी ऐसा नहीं है जिससे मैं प्रेम कर सकूँ।

बहिन! झूठ बोलती हो तुम। क्या हौर्टेंशियो के प्रति तुम आकर्षित नहीं हो?

बियांका : अगर तुम उसके प्रति आकर्षित हो बहिन, तो सच मानो मैं तुम्हारे लिए उससे जाकर वकालत करूँगी और इससे अवश्य ही वह तुम्हें मिल जाएगा।

अच्छा, तो तुम्हारा आकर्षण धन के प्रति अधिक है। तुम तो अपने इस सौन्दर्य को बनाए रखने के लिए ग्रेमियो से विवाह करोगी।

बियांका : तो क्या उसी के लिए तुम मुझसे ईर्ष्या करती हो? तो फिर अब

मुझे मालूम हुआ कि इतनी देर तक तुम सिर्फ़ मज़ाक कर रही थीं मुझसे। बहिन मैं प्रार्थना करती हूँ, मेरे हाथ खोल दो।

अगर यही मज़ाक है तो वह सब कुछ भी मज़ाक था।

(उसको पीटती है।)

(बैप्टिस्टा का प्रवेश)

बैप्टिस्टा : क्यों, क्यों केटे! यह क्या धृष्टता है? बियांका! अलग खड़ी हो जाओ! मेरी सीधी बच्ची रो रही है। जाओ अपना काम करो, इससे कुछ मत कहो। जो तुम्हारा कुछ नहीं बिगाड़ती है उसको तुम क्यों तंग करती हो। शरम आनी चाहिए तुम्हें शैतान की बच्ची! इसने तुमसे कब कोई बुरी बात कही?

इसकी चुप्पी मेरी हँसी-सी उड़ा रही है। मैं इसका बदला लेकर रहूँगी?

(बियांका के पीछे भागती है।)

बैप्टिस्टा : क्या! मेरी आँखों के सामने? बियांका! अन्दर चली जाओ।

(प्रस्थान)

आप मेरे साथ क्या कसर छोड़ रहे हैं। ठीक है, अब मैं अच्छी तरह जान गई हूँ कि बियांका ही आपकी एकमात्र निधि है, और उसी के लिए आप पति खोजेंगे और मैं उसकी शादी के उत्सव में नंगे पैरों नाचूँगी[1]। और चूँकी आप उससे प्रेम करते हैं इसलिए मरने के बाद नरक में जाकर बन्दर नचाऊँगी।[2] मुझसे अब मत बोलिए, जब तक मुझे बदला चुकाने का मौका नहीं मिल जाएगा तब तक मैं बैठकर रोऊँगी।

(प्रस्थान)

बैप्टिस्टा : क्या कभी भी किसी आदमी का हृदय इतना दु:खी हुआ होगा जितना मेरा हो रहा है?

अरे, यह कौन आ रहा है यहाँ?

जब बड़ी बहन कुँवारी रहती थी और उससे पहले छोटी की शादी हो जाती थी तो उसकी शादी के समय बड़ी को नंगे पैरों नाचना पड़ता था। पश्चिम की यह बहुत पुरानी रीति थी। पश्चिम का यह भी विश्वास था कि अविवाहित स्त्रियों को मरने के बाद नरक में ही स्थान मिलता है।

(ग्रेमियो और उसके साथ निम्न वर्ग के मनुष्य का-सा वेश बनाए ल्यूसैंशियो, तथा पैटूशियो के साथ एक संगीतज्ञ बनकर हौर्टेंशियो का प्रवेश। ट्रेनियो के साथ बॉइंडैलो आता है जिसके पास पुस्तकें और एक ल्यूट है।)

श्रीमान्, बैप्टिस्टा को हमारा अभिवादन है।

बैप्टिस्टा : श्रीमान् ग्रेमियो! मेरा भी अभिवादन स्वीकार करिए। परमात्मा आपको प्रसन्न रखे श्रीमान्!

पैटूशियो : आपको भी हमारी यही शुभकामना है श्रीमान्! कृपा करके यह बतलाइए कि क्या कैथरिना नाम की आपकी कोई सुन्दर और गुणशील पुत्री है?

बैप्टिस्टा : जी श्रीमान्! कैथरिना नाम की मेरी ही पुत्री है।

बड़े असभ्य हैं आप! ठीक तरह से बातें करिए।

पैटूशियो : श्रीमान् ग्रेमियो! आप मेरे साथ अन्याय करते हैं। चले जाइए यहाँ से।

मैं वेरोना का श्रेष्ठ पुरुष हूँ श्रीमान, जो उसके सौन्दर्य, वाक्-कौशल, सरलता, शील-स्वभाव, नम्र व्यवहार आदि उसके अद्भुत गुणों की प्रशंसा सुनकर निस्संकोच रूप से एक अतिथि बनकर आपके यहाँ आया हूँ। जिस स्त्री के विषय में मैंने इतनी प्रशंसा सुनी है, उसे मैं स्वयं देखकर इसका निश्चय कर लेना चाहता हूँ। अपने उसके पास आसानी से पहुँचने के लिए मैं अपना आदमी आपको देता हूँ जो संगीत और गणित में पारंगत है और इन विषयों की उनको पूरी शिक्षा दे सकेगा। मेरे अनुमान से वह इन विषयों से पूरी तरह अनभिज्ञ हैं। आप उसको स्वीकार कर लीजिए श्रीमान, नहीं तो आप मेरे प्रति अन्याय करेंगे। उसका नाम लीसियो है, मेंटुआ में उसका जन्म हुआ है।

बैप्टिस्टा : स्वागत है आपका श्रीमान, और आपके लिए उनका भी लेकिन मैं यह जानता हूँ कि मेरी पुत्री कैथरिना से आप विवाह नहीं कर सकेंगे, यह और भी मेरे हृदय को दु:खी कर रहा है।

पैटूशियो : तो क्या आप अपनी पुत्री को अपने से अलग करना नहीं चाहते या आपको मेरा-उसका साथ पसन्द नहीं है?

बैप्टिस्टा : मुझे गलत मत समझिए। जो कुछ मैं देखता हूँ वही मैं कहता हूँ। यह बताइए, आप कहाँ से आए हैं ? किस नाम से मैं आपको पुकारूँ ?

पैट्रूशियो : पैट्रूशियो कहते हैं मुझको। सारी इटली जानती है मेरा नाम। मेरे पिता का नाम एन्टोनियो है।

बैप्टिस्टा : मैं उन्हें अच्छी तरह जानता हूँ। उनके लिए आपका स्वागत है श्रीमान् यहाँ।

अपनी बात रोककर पैट्रूशियो ! अब हमें भी कुछ बोलने दो जो अत्यन्त दीन प्रार्थी हैं। बस अब। आप तो, सच, बहुत ही निस्संकोच हैं।

पैट्रूशियो : ओह, क्षमा करिए श्रीमान् ग्रेमियो ! आपकी बात बड़ी खुशी से मानूँगा मैं।

मुझे इसमें सन्देह नहीं है श्रीमान्। लेकिन इस विवाह के लिए आप स्वयं को अभिशप्त कहेंगे।

श्रीमान् ! मुझे विश्वास है कि जो चीज़ मैं आपको दे रहा हूँ उसके लिए आप मेरा अहसान मानेंगे। जितने भी और हैं उनकी अपेक्षा मैंने ही आपकी अधिक सहायता की है। मैं आपके पास इन विद्वान् युवक को लाया हूँ जो रहीम्स में बहुत समय तक अध्ययन कर चुके हैं और जो ग्रीक, लेटिन तथा अन्य भाषाओं में पारंगत हैं जितने दूसरे संगीत और गणित में हैं। इनका शुभनाम केम्बियो है। कृपा करके इनको अपने यहाँ रख लीजिए।

बैप्टिस्टा : हजार बार आपको धन्यवाद है श्रीमान् ग्रेमियो, श्रेष्ठ केम्बियो ! आपका भी मैं स्वागत करता हूँ। मेरे विचार से आप परदेसी हैं। क्या मैं आपके यहाँ आने का कारण आपसे पूछने का साहस कर सकता हूँ ?

क्षमा करिए श्रीमान् ! साहस करके तो मैं एक परदेसी होते हुए भी इस शहर में आया हूँ। मेरे आने का कारण उस सुन्दरी और गुणवती बियांका का प्रेमी बनना है। इस सम्बन्ध में मैं आपके दृढ़ निश्चय की बात भी जानता हूँ कि आप पहले बड़ी लड़की की शादी करना चाहते हैं। मैं तो आपसे केवल इतना ही चाहता हूँ कि मेरे वंश और कुल के बारे में जानकर आप मुझे भी बियांका से विवाह करने के लिए लालायित प्रेमियों के बीच सम्मिलित कर लीजिए। जिस तरह अन्य

बियांका से प्रेम करने के लिए उसके पास आ-जा सकते हैं, वही स्वतन्त्रता मुझे भी प्रदान कर दीजिए। आपकी लड़कियों की पढ़ाई के लिए मैं आपको यह छोटा-सा एक वाद्य-यन्त्र और ग्रीक तथा लेटिन की पुस्तकों का यह एक पैकिट देता हूँ। अगर आप इन्हें स्वीकार कर लें तो इनका मूल्य बहुत है।

बैप्टिस्टा : आपका नाम ल्यूसैंशियो है। अच्छा, तो कृपया बताइए तो कहाँ से आए हैं आप ?

मैं विन्सैंशियो का पुत्र हूँ और पीसा का निवासी हूँ।

बैप्टिस्टा : वे तो पीसा के बड़े ज़बरदस्त आदमी हैं, मैंने उनके बारे में यही सुना है और मैं उनको अच्छी तरह जानता भी हूँ। आपका बहुत स्वागत है श्रीमान्। आप यह 'ल्यूट' ले लीजिए और आप इन पुस्तकों को। चलिए अभी अपनी शिष्याओं को चलकर देख लीजिए।

कोई है अन्दर ?

(एक सेवक का प्रवेश)

देखो, इन सज्जनों को मेरी पुत्रियों के पास ले जाओ और कहना उनसे कि ये उनके शिक्षक हैं। इनके साथ अच्छा व्यवहार करें वे, कह देना उनसे।

(हौर्टेंशियो, ल्यूसैंशियो और बॉइंडैलो के साथ सेवक का प्रस्थान)

चलिए हम थोड़ा बाग की तरफ चलें, इसके बाद खाना खाएँगे। आपका यहाँ पूरा स्वागत है, लेकिन मैं यह प्रार्थना आप सभी से अवश्य करता हूँ कि अपने बारे से आप स्वयं अच्छी तरह सोच लें।

पैट्रूशियो : श्रीमान् बैप्टिस्टा! मुझे किसी कार्यवश जल्दी है और इसीलिए मैं हर एक दिन आपके पास इस सम्बन्ध में नहीं आ सकता। आप मेरे पिता को अच्छी तरह जानते थे और उनके द्वारा आप मुझे भी जान गए। अब उनकी उस सारी सम्पत्ति का एकमात्र उत्तराधिकारी मैं ही रह गया हूँ जिसको मैंने बढ़ाया अवश्य है, किसी तरह कम नहीं किया है। अब आप मुझे बताइए कि अगर मैं आपकी पुत्री के साथ विवाह करूँ तो आप उसके साथ क्या दहेज देंगे ?

बैप्टिस्टा : मेरी मृत्यु के पश्चात् जितनी भी मेरी भूमि है उसका आधा

भाग और साथ में बीस हज़ार 'क्राउन्स'।

पैटूशियो : उस दहेज के बदले में भी, अगर मैं ही उससे पहले इस संसार से उठ गया, उसकी विधवावस्था के लिए यह विश्वास दिलाता हूँ कि मेरी सारी सम्पत्ति पर उसका अधिकार होगा। इसलिए अब विस्तार से हमारे आपस का समझौता लिख लिया जाए और एक दूसरे के हाथ में वह रहे।

बैप्टिस्टा : लेकिन यह तो तभी की बात है जब आप ख़ास चीज़ यानी उसका प्रेम प्राप्त कर लें क्योंकि वही तो सब कुछ है।

पैटूशियो : वह कोई बात नहीं है। पिता! मैं आपसे सच कहता हूँ, जितना उसका दिमाग चढ़ा हुआ है उतने ही बिगड़े दिमाग का मैं हूँ और जहाँ दो आग की लपटें आकर मिलती हैं वहाँ जो भी उनके बीच आकर उनकी भूख मिटाता है, जलकर ख़ाक हो जाता है। यद्यपि थोड़ी ही हवा से थोड़ी आग काफ़ी भड़क उठती है लेकिन जब तूफान चलेगा तो वह आग और सभी कुछ को उड़ाकर ले जाएगा। आप देखना, जैसे ही मैं उसके पास पहुँचा नहीं कि वह मुझे आत्मसमर्पण कर जाएगी, क्योंकि मैं बड़ा अजीब बिगड़ा हुआ आदमी हूँ और बच्चे की तरह शादी करना नहीं जानता हूँ।

बैप्टिस्टा : ईश्वर करे कि आप इस कार्य में सफल हों और किसी तरह की कठिनाई आपके सामने न आए! लेकिन एक बार कुछ कटु शब्दों के लिए तो तैयार हो ही जाइए।

पैटूशियो : श्रीमान्! जैसे बड़े से बड़े झंझवात पर्वतों को नहीं हिला सकते उसी तरह कोई भी कटु शब्द मुझे विचलित नहीं कर सकते।

(हौर्टेंशियो अपना फूटा सिर लिए हुए आता है।)

बैप्टिस्टा : क्यों मित्र! आप इतने पीले कैसे दिखाई दे रहे हैं?

हौर्टेंशियो : अगर मैं पीला दिखाई देता हूँ, तो सच उसका कारण डर है।

बैप्टिस्टा : तो क्या मेरी पुत्री अच्छी संगीतज्ञ बन जाएगी?

हौर्टेंशियो : मेरे विचार से तो वह इससे पहले एक सैनिक बनेगी। लोहे का और उसका साथ हो सकता है लेकिन ल्यूट का कभी नहीं।

बैप्टिस्टा : तो क्या आप उसको अपनी ल्यूट की तरफ़ नहीं झुका पाए?

हौर्टेंशियो : जी नहीं। उसने ही मेरे ऊपर ल्यूट को झुका दिया है। मैंने

तो उससे सिर्फ़ इतना ही कहा था कि ग़लत तरीके से तारों को उसने पकड़ रखा था और फिर मैंने उसके हाथ को पकड़कर ठीक तरह उँगली रखना बताया था तो वह बिलकुल शैतान की तरह बिगड़ कर कहने लगी—तुम इनको तैश[1] कहते हो ? आग लगा दूँगी मैं इनमें और बस उसी के साथ उसने ल्यूट को मेरे सिर पर दे मारा जिससे ल्यूट टूटकर मेरे सिर में फँस गया। कुछ समय के लिए तो मैं बिलकुल आश्चर्य में ऐसे खड़ा रहा जैसे किसी लकड़ी के ढाँचे में कोई आदमी फँसा हुआ खड़ा रहता है और ल्यूट के आरपार देखता रहा जबकि वह मुझे बदमाश, बाजेवाला, अनाड़ी और इसी तरह की बीसों गालियाँ देने लगी। मेरे साथ दुर्व्यवहार करने के लिए जितनी भी बुरी से बुरी गालियाँ उसे याद थीं, सब उसने दे डालीं।

पैट्रूशियो : सच, यह तो बड़ी मज़ेदार औरत है। अब तो पहले की अपेक्षा उसके प्रति मेरा आकर्षण दस गुना और बढ़ गया है। ओह! अब तो उससे बातें करने की लालसा हो रही है मेरे मन में।

बैप्टिस्टा : चलिए मेरे साथ और इतने निराश मत होइए। मेरी छोटी बच्ची को सिखाते रहिए। वह तो बड़े ही कृतज्ञ स्वभाव की है और सीखने में भी तत्पर है।

श्रीमान् पैट्रूशियो! क्या आप भी हमारे साथ चलेंगे या मैं केटे को ही आपके पास भेज दूँ?

(प्रस्थान। पैट्रूशियो रुक जाता है।)

पैट्रूशियो : अवश्य, कृपया यही करिए। मैं यहीं उससे मिलूँगा और जब वह आएँगी तो पूरे जोश के साथ अपना प्रेम उनको प्रदर्शित करूँगा। कहते हैं कि वह आकर ही मुझ पर गालियों की बौछार लगाना शुरू कर देगी, उस समय मैं उससे कहूँगा कि वह तो कोयल की तरह मधुर स्वर से गाती है। यह भी कहते हैं कि वह अपनी आँखें क्रोध से लाल-पीली

: यहाँ पन का प्रयोग हुआ है। इस शब्द के दो अर्थ हैं—वाद्ययन्त्र के तार और तैश यानी क्रोधावेश। अंग्रेज़ी में एक ही शब्द द्वारा संवाद के सौन्दर्य को निभा लिया गया है, हमें तार की जगह तैश लाकर निभाना पड़ा है, इसमें कारण हमारी भाषा की सीमा है।

कर लेती है, उस समय मैं कहूँगा कि वह तो ऐसी सुन्दर लग रही है जैसे गुलाब के फूल ओस से धुलकर प्रातःकाल लगते हैं।

अगर वह आकर चुप रहेगी और एक भी शब्द नहीं बोलगी तो मैं यह कहकर कि उसका स्वर तो बड़ा प्रभावशाली है, उसको बोलने के लिए प्रेरित करूँगा। अगर उसने मुझसे भाग जाने के लिए कहा तो इसके लिए मैं उसको धन्यवाद दूँगा जैसे कि मानो उसने मुझे अपने साथ एक हफ़्ते रहने का निमन्त्रण दिया है। अगर वह शादी करने को मना करेगी तो मैं उस दिन तक प्रतीक्षा करूँगा जबकि इसकी मुनादी कराकर मैं उसके साथ शादी न कर सकूँ। लेकिन वह तो यहीं आ रही है और पैट्रूशियो! अब बोलो।

(कैथरिना का प्रवेश)

नमस्ते केटे! आपका शायद यही नाम है? मैंने यही सुना है।

ठीक सुना है आपने लेकिन आप कुछ बहरे मालूम देते हैं। जो मेरे बारे में बातें करते हैं, वे मुझे कैथरिना कहते हैं।

पैट्रूशियो : यह तो आप झूठ बोलती हैं। सच, आपको तो सिर्फ़ केटे कहकर ही पुकारा जाता है। कभी तो सुन्दरी केटे और कभी कर्कशा और कुटिला केटे, लेकिन ईसाई जगत् की सबसे अधिक सुन्दरी केटे! मेरी सबसे मज़ेदार केटे! क्योंकि सभी मज़ेदार चीज़ें केटे[1] होती हैं, केटे-हॉल की केटे! मेरे सुख की रानी केटे! यह मेरी ओर से स्वीकार करिए। प्रत्येक शहर में मैंने आपके नम्र व्यवहार की प्रशंसा सुनी है। आपके गुणों की और सौन्दर्य की जो प्रशंसा मैंने सुनी है, उससे तो कहीं अधिक ही आप में मैंने पाया है, इसीलिए आपके साथ विवाह करना चाहता हूँ। मेरा दिल आपकी ओर खिंचा हुआ है।

अच्छे वक्त में खिंचकर आ गए। जो आपको खींचकर यहाँ तक लाया है, वही आपको यहाँ से हटा ले जाएगा। मैं पहली बार ही आपके बारे में यह जान पाई कि आप इस तरह खींचकर इधर-उधर हटाए जाने लायक हैं।

---

[1] : यहाँ पन (द्व्यर्थक शब्द) का प्रयोग हुआ है। केटे एक बार तो कैथरिना के लिए आया है दूसरी बार मज़ेदार चीज़ों के लिए आता है। 'स्पैलिंग' में अन्तर है लेकिन ध्वनि एक है। इसी आधार पर पैट्रूशियो यह मज़ाक कर लेता है।

पैट्रूशियो : खींचकर हटाई जानेवाली क्या चीज़ होती है ?

एक वह स्टूल जिस पर मिस्त्री काम करता है।

पैट्रूशियो : यह बाज़ी तो आपने मार ली। आइए मेरे ऊपर बैठ जाइए।

गधे लादते हैं बोझा, वही तुम हो।

पैट्रूशियो : बोझा तो औरतों को लादना पड़ता है जिसको बच्चे को जन्म देकर ही वे उतार पाती हैं और वही तो आप हैं।

अगर मुझसे तुम्हारा मतलब है, तो मैं तुम्हारी जैसी तो बुड्ढी नहीं हूँ।

पैट्रूशियो : खेद है अच्छी केटे! मैं आपके ऊपर यह जानकर बोझा नहीं डालूँगा कि आप बड़ी हलकी-फुलकी युवती हैं।

तुम जैसे गँवार प्रेमी की पकड़ में आने के लिए तो बहुत हलकी हूँ और भारी उतनी हूँ जितना मेरा वज़न होना चाहिए।

पैट्रूशियो : होगा, होगा! बजाती रहो अपना राग।

बहुत अच्छे, और एक बेवकूफ़ की तरह।

पैट्रूशियो : ओ धीमे उड़नेवाली कबूतरी! क्या एक बाज़ तुझे झपटकर ले जाएगा ?

कबूतरी जो कि भुनगें[1] को पकड़ लेती है ?

पैट्रूशियो : आओ बैठो, तुम तो वाक़ई भनभनाने लगीं। बहुत नाराज़ मालूम देती हो।

अगर मैं भनभनाती हूँ तो फिर मेरे डंक से बचते रहना।

पैट्रूशियो : मेरे पास तो उसका इलाज है। तोड़ डालूँगा इस डंक को।

तभी न जब कि तुम जैसे बेवकूफ़ को उसका पता लग जाएगा कि वह कहाँ है।

पैट्रूशियो : बर्र का डंक कहाँ होता है, यह कौन नहीं जानता है। उसके पीछे होता है।

Buzzard : इस शब्द को लेकर पन (द्वयर्थक शब्द) का प्रयोग किया गया है। इसके तीन अर्थ हैं—(1) बेवकूफ़ (2) बाज़ (3) भुनगे। हमने भावार्थ देकर ही संवाद को बढ़ाया है। इसी प्रकार आगे tail, tale आदि को लेकर पन चलता है, उसका भी भावार्थ देकर अपनी सीमाओं के भीतर हमने संवाद की गति को सुस्थिर रखने का प्रयत्न किया है।

उसकी ज़बान में है वह।

पैट्रूशियो : किसकी ज़बान ?

तुम्हारी, अगर तुम पीछे की बातें करते हो तो। अच्छा, विदा।

पैट्रूशियो : क्या ! तुम्हारी पूँछ में मेरी ज़बान। न, न, फिर समझो केटे ! मैं एक शरीफ़ आदमी हूँ।

जाँच करूँगी मैं इसकी।

(वह उसको पीटने लगती है।)

पैट्रूशियो : मैं सौगन्ध खाकर कहता हूँ, अगर तुमने फिर हाथ उठाया तो फिर मेरी मार झेलना ?

इस तरह तो तुम्हें अपनी शराफ़त से हाथ धोना पड़ेगा और शराफ़त के सबूत में तुम जो यह कोट पहनते हो, वह भी तुम्हें उतारना पड़ेगा, क्योंकि अगर तुमने मुझ पर हाथ उठाया तो तुम एक शरीफ़ आदमी नहीं कहलाओगे और इस हालात में वह कोट भी तुम्हारे हाथ नहीं रहेगा।

पैट्रूशियो : तुम तो केटे ! एक मुनादी पीटनेवाली हो। मेरा भी नाम अपनी किताबों में दर्ज कर लो।

तुम्हारे सिर का ताज कौन-सा है, आवारा औरत के पति का ?

पैट्रूशियो : बिना ताज का मुर्गा हूँ, इसीलिए केटे मेरी मुर्गी बनेगी।

मेरा कोई मुर्गा नहीं है। तुम तो एक डरपोक मुर्गे की तरह बोलते हो।

पैट्रूशियो : आओ केटे ! इतना आवेश और इतनी कटुता तुम्हारे चेहरे पर नहीं होनी चाहिए।

जब मैं किसी बिगड़े स्वभाव के आदमी को देखती हूँ तो ऐसा हो जाना तो मेरे लिए स्वाभाविक है।

पैट्रूशियो : यहाँ तो कोई ऐसा आदमी नहीं है, फिर तुम ऐसी कठोर मुद्रा में क्यों हो ?

क्यों नहीं है ? ऐसा आदमी यहाँ है।

पैट्रूशियो : फिर दिखाओ उसको।

अगर मेरे पास शीशा होता तो दिखाती।

पैट्रूशियो : क्या, क्या तुम्हारा मतलब मेरे चेहरे से है ?

खूब निशाना मारा ऐसे नवयुवक के।

पैट्रूशियो : सेन्ट जॉर्ज की सौगन्ध खाकर कहता हूँ कि मैं तुम्हारे लिए तो बहुत छोटा हूँ।

लेकिन फिर भी अभी से तुम्हारे शरीर पर झुर्रियाँ पड़ने लगीं।

पैट्रूशियो : ये तो चिन्ताओं के कारण हैं।

मैं तो चिन्ता नहीं करती।

पैट्रूशियो : सुन लो केटे! सच कहता हूँ, तुम इस तरह बचकर मुझसे नहीं निकल सकतीं।

अगर मुझे यहाँ ठहरना पड़ा, तो फिर तुम मेरा गुस्सा देखोगे। जाने दो मुझे।

पैट्रूशियो : नहीं, बिलकुल नहीं, मैं देखता हूँ कि तुम तो बहुत ही अधिक नम्र स्वभाव की हो। मुझसे लोगों ने कहा था कि तुम बड़ी ही चिड़चिड़ी, अजीब ऊबड़खाबड़ स्वभाव की घृणित स्त्री हो, लेकिन अब मुझे वह सब कुछ निरा झूठ लगता है। तुम तो बड़ी विनीत और अच्छे खुले स्वभाव की हो, लेकिन बोलती कम हो। वैसे वसन्त ऋतु के फूलों की तरह तुम मधुर हो। तुम तो कभी न किसी पर क्रुद्ध हो सकती हो और न किसी की ओर सन्देह-भरी दृष्टि से देख सकती हो और न कभी इस तरह अपना ओठ काट सकती हो जैसे क्रोधावेश में आकर औरतें करती हैं। बातचीत में भी तुम कभी बीच में टोककर विरोध नहीं करतीं बल्कि तुम इतनी सुशील और नम्र हृदय की हो कि अपने प्रेमियों का स्वागत करती हो, उनके प्रति प्रेम और सहृदयता का व्यवहार करती हो। ऐसे सरल और सीधे स्वभाव की केटे के लिए दुनियावाले क्यों कहते हैं कि लँगड़ाती है? ओह, झूठी अफ़वाह उड़ानेवाली यह कमीनी दुनिया। केटे तो ताड़ की टहनी की तरह सीधी और पतली है और सुपारी का-सा भूरा रंग है और फलों से भी अधिक मधुर है। ओह, एक बार मुझे चलकर तो दिखा तो, तुम तो बीच में रुकती नहीं हो।

चला जा बेवक़ूफ़! किस पर हुक्म चला रहा है तू?

पैट्रूशियो : क्या पवित्रता की देवी डायना से एक कुंज कभी भी इतना सुशोभित हुआ जितना केटे की शानदार वेशभूषा के कारण यह घर

शोभा दे रहा है। तुम डायना बन जाओ और उसे केटे बन जाने दो, तब केटे तो बिलकुल पवित्र बनकर रहे और डायना खेलने कूदनेवाली।

इतनी अच्छी बोलचाल तुमने कहाँ से सीखी है ?

पैटूशियो : इस धारा-प्रवाह की जननी तो मेरी बुद्धि है।

बुद्धिमान् जननी है, नहीं तो पुत्र पूरा बेवकूफ़ निकलता।

पैटूशियो : क्या मैं बुद्धिमान् नहीं हूँ ?

ज़रूर, गरमाए रखो अपने आपको इससे।

पैटूशियो : मेरी प्यारी कैथरिना! गरमाना तो मैं तुम्हारे बिस्तर में चाहता हूँ इसलिए इस सारी बातचीत को अलग हटाकर मैं अब स्पष्ट रूप से कहता हूँ, सुनो, तुम्हारे पिता ने यह स्वीकार कर लिया है कि तुम मेरी पत्नी बनकर रहोगी। तुम्हारा दहेज भी तय हो गया है, इसलिए अब तुम हाँ करो या ना, मैं तो तुम्हारे साथ शादी करके रहूँगा। तुम्हारे लिए मैं ही पति निश्चित हुआ हूँ क्योंकि इस प्रकाश में जब मैं तुम्हारे सौन्दर्य को देखता हूँ तो मेरा चित्त तुम्हारी ओर आकर्षित होता है। इसीलिए मुझे छोड़कर तुम्हारी और किसी से शादी नहीं हो सकती।

(बैप्टिस्टा, ग्रेमियो तथा ट्रेनियो का प्रवेश)

केटे ! मैं तो तुम्हें पालकर सीधा करने के लिए पैदा ही हुआ हूँ। जैसे अन्य स्त्रियाँ होती हैं उन्हीं की तरह मैं तुम्हें कर्कशा से सुशील और नम्र बनाना चाहता हूँ। वह देखो, तुम्हारे पिता आ रहे हैं, अब शादी के लिए मना मत करना क्योंकि मैं तो कैथरिना को अपनी पत्नी बनाकर ही रहूँगा, यही मेरा दृढ़ निश्चय है।

बैप्टिस्टा : श्रीमान्! पैटूशियो! कहिए, मेरी पुत्री के साथ आपका कुछ समझौता हुआ ?

पैटूशियो : बहुत अच्छी तरह श्रीमान्! बहुत अच्छी तरह। मेरा समझौता न होता, यह तो असम्भव-सी बात थी।

बैप्टिस्टा : क्यों बेटी कैथरिना! तुम कैसी हो ? क्या अभी भी अपने आवेश में हो ?

तुम मुझे बेटी कहते हो ? सच कहती हूँ, अब तुमने इस सिरफिरे आधे पागल के साथ मेरी शादी की बात तय करके अपना सच्चा पितृ-प्रेम

दरसाया है। एक बदमाश, लुच्चा पागल है जो बार-बार सौगन्ध खाकर मामले को साफ़ करने की कोशिश करता है।

पैट्रूशियो : पिता! बात सच यह है कि आपने और पूरी दुनिया ने जो इनके बारे में बुरी-बुरी बातें कही थीं, वे सब निराधार हैं। अगर कभी ये कर्कशा हो जाती हैं तो वह तो काम निकालने की इनकी सिर्फ़ एक चाल है। नहीं तो ये कभी भी इतनी चिड़चिड़ी नहीं हैं बल्कि सफ़ेद कबूतर की तरह शान्त और मृदु स्वभाव की हैं। कौन कहता है कि ये उत्तेजित स्वभाव की हैं, ये तो प्रभात काल की तरह शान्त और गम्भीर हैं। जहाँ तक धैर्य का प्रश्न है, ये एक दूसरी ग्रिसेल[1] हैं और चरित्र की पवित्रता की दृष्टि से रोम की ल्यूक्रिसी से किसी तरह कम नहीं है। अन्त में इस सबका निष्कर्ष यह है कि हमारे बीच पूरी तरह समझौता हो चुका है और रविवार को हमारी शादी का दिन है।

इस रविवार को तो मैं तुझे फाँसी के तख्ते पर लटका हुआ देखूँगी।

सुनिए पैट्रूशियो! ये तो पहले आपको फाँसी के तख्ते पर लटकाएँगी।

क्या यही आपका समझौता और आपकी सफलता है? अच्छा तो फिर विदा।

पैट्रूशियो : धैर्य रखिए श्रीमान्! शादी तो इससे मुझे करनी है और अगर हम दोनों राज़ी हैं तो फिर आपको इससे क्या है? अकेले में हम दोनों के बीच यह तय हो चुका है कि यह समुदाय के बीच तो अपना वही कर्कशा का रूप रखेंगी। आप लोग विश्वास करें तो सच कहता हूँ, यह मुझसे बहुत प्यार करती हैं। ओह, मेरी केटे तो सबसे अधिक शीलवती है। मेरी गरदन से लिपट गई और एक पर एक चुम्बनों की लड़ी सी लगाती हुई बार-बार सौगन्ध खाने लगी। सच कहता हूँ एक क्षण में ही इसने मुझे अपने वश में कर लिया। आप सभी तो अभी

Grissel : 'पेशेन्ट ग्रेसिला' की कहानी 'केन्टाबरी टेल्स' में आती है जिसे ऑक्सफोर्ड का क्लर्क कहता है। वह स्त्री बड़ी ही धैर्यवती थी। पति से अपमानित होती थी और हर समय उसकी उपेक्षा, तिरस्कार और क्रोधावेश को सहती रहती थी लेकिन कभी धैर्य नहीं खोती थी।

इस मामले में अबोध हैं। यह देखने की बात है कि अकेले में किस तरह स्त्री-पुरुष एक-दूसरे से हिलमिल जाते हैं। एक डरपोक बेवकूफ़ ही किसी औरत को कर्कशा और कुटिला बनाता है। मुझे अपना हाथ दो केटे। शादी के लिए कपड़े खरीदने वेनिस जा रहा हूँ मैं।

पिता! आप दावत का इन्तज़ाम कर लें और सभी सज्जनों को निमन्त्रित कर दें। मुझे पूरा विश्वास है कि मेरी कैथरिना बहुत अच्छी हो जाएगी।

बैप्टिस्टा : मैं नहीं जानता कि मैं क्या कहूँ इस समय। अपने हाथ मुझे दो। परमात्मा तुम्हें प्रसन्न रखे पैट्रूशियो! अच्छा जोड़ा है।

ट्रेनियो : हम भी अपनी शुभकामनाएँ देते हैं। शादी के वक़्त हम ज़रूर आएँगे।

पैट्रूशियो : पिता, मेरी प्रिया और सभी सज्जनों से विदा लेता हूँ मैं।

मैं वेनिस जाता हूँ। रविवार निकट आ रहा है। अँगूठियाँ, अच्छे कपड़े, तथा अन्य सभी वस्तुएँ हमारे पास होंगी।

केटे! एक बार मुझे प्यार तो करो। इसी रविवार को तो हमारी शादी हो जाएगी।

(पैट्रूशियो और कैथरिना का प्रस्थान)

कभी भी क्या इस तरह अकस्मात् ही कोई शादी तय हुई है?

बैप्टिस्टा : श्रीमान्! अब मैं एक व्यापारी की हैसियत से साहस करके इस सौदे को करता हूँ।

ट्रेनियो : यह चीज़ तो आपके पास बेकार पड़ी थी, अब इस सौदे में या तो इससे फ़ायदा होगा या यह समुद्र में नष्ट हो जाएगी।

बैप्टिस्टा : जिस फ़ायदे की मुझे खोज है, वह तो इस जोड़े के मिलने से मुझे मिल गया।

निस्सन्देह! लेकिन उसने भी बड़ी आसानी से काबू में कर लिया उसे। अब बैप्टिस्टा! अपनी छोटी पुत्री के बारे में सोचिए। इसी दिन की तो आशा लगाए हम बैठे थे। मैं आपका पड़ोसी हूँ और बियांका का सबसे पहला प्रेमी मैं ही था।

ट्रेनियो : और मैं बियांका से इतना प्रेम करता हूँ कि शब्द उसका वर्णन नहीं कर सकते। उसका अनुमान तो आप ही अपने मस्तिष्क में लगा

ते हैं।

लड़के! जितना मैं प्यार करता हूँ उतना तुम नहीं कर सकते।

बुड्ढे! अब तेरा प्यार तो जम चुका।

लेकिन तेरा अभी उबाल खा रहा है। पीछे हट बेवकूफ लड़के! उम्र ही तो आदमी को पकाती है।

लेकिन लड़कियों की आँखों में तो लड़के ही जगह पाते हैं।

बैप्टिस्टा : शान्त रहिए श्रीमान्! मैं इस झगड़े को तय किए देता हूँ। कोई काम करने पर ही उसका ईनाम मिलना चाहिए; इसलिए आप दोनों से मेरा कहना है कि जो भी मेरी पुत्री को सबसे अधिक दहेज का आश्वासन दे देगा वही उसके प्रेम का अधिकारी होगा।

कहिए श्रीमान् ग्रेमियो! आप क्या दे सकते हैं?

ग्रेमियो : पहले तो आप इस शहर के अन्दर मेरे मकान को जानते हैं जो सुवर्ण-पत्रों से सुसज्जित है और जहाँ सुन्दर बर्तनों का प्रबन्ध है जिनमें पानी डालकर वह अपने कोमल हाथों को धो सके। सभी पर्दों पर 'टायरिन' ज़री का काम हो रहा है और मुद्राएँ रखने के लिए हाथी दाँत के सन्दूक हैं। साइप्रस के सन्दूकों में भी जड़ावट हो रही है। कीमती कपड़े, तम्बू, बढ़िया लिनन, मोतियों से जड़े तुर्की गद्दे, चारों तरफ की गोट वेनिस के सोने से सजी हुई, पीतल और काँसे के बर्तन यानी घर के लिए जितनी भी चीज़ें आवश्यक होती हैं वे सभी कुछ मेरे घर में हैं। इसके बाद खेत पर मेरी सौ गाएँ हैं जिनका कढ़ाव भर कर दूध होता है, एक सौ बीस मेरे मज़बूत डील-डौल वाले बैल हैं जो खिरक में खड़े रहते हैं, इनके अलावा और सभी आवश्यक वस्तुएँ हैं। मेरी उम्र कुछ अधिक हो गई है, यह मैं स्वीकार करता हूँ, इसीलिए कहता हूँ कि मान लो अगर कल मैं इस दुनिया में न रहूँ तो मेरा यह सब कुछ उसका होगा और जब तक मैं जीवित हूँ तब तक वह सिर्फ मेरी बनकर रहेगी।

यह अधिक कुछ नहीं, मेरी बात सुनिए श्रीमान्! मैं अपने पिता का इकलौता पुत्र और उसकी सम्पत्ति का एकमात्र उत्तराधिकारी हूँ। अगर अपनी पुत्री का विवाह मेरे साथ कर दें तो मैं पीसा के अन्दर ऐसे तीन या चार मकान उसके अधिकार में दे दूँगा जैसा वृद्ध ग्रेमियो

का पैंडुआ में एक मकान है, और इनके अलावा उपजाऊ भूमि से दो हज़ार ड्यूकेट की वार्षिक आय होती है, वह भी मैं इन्हीं को दे दूँगा। मेरी मृत्यु के पश्चात् वे ही सबकी स्वामिनी बनेंगी। कहिए श्रीमान् ग्रेमियो! क्या मैंने यह कहकर आपका दिल दुखाया है?

प्रति वर्ष दो हज़ार ड्यूकेट की आय भूमि से, मेरी भूमि तो पूरी मिलकर इतनी आय नहीं देती। उस पर तो उनका अधिकार होगा ही, इसके अलावा मेरा एक बड़ा जहाज़ है जो यार्सिलीज के बन्दरगाह पर ठहरा हुआ है, उस पर भी इनका अधिकार होगा। अब बताइए, क्या इस जहाज़ से मैंने आपकी बोलती बन्द नहीं कर दी है?

ग्रेमियो! यह सभी को पता है कि मेरे पिता के पास तीन बड़े-बड़े जहाज हैं और उनके अलावा दो बहुत तेज चलनेवाले जहाज हैं और बारह नावें हैं, इन सब को मैं उन्हें देता हूँ और इसके बाद जो तुम देने का आश्वासन दोगे, उससे दूना मैं दूँगा।

जो कुछ भी मेरे पास था, वह सभी कुछ देने का आश्वासन मैं दे चुका; बस, इसके अलावा मैं और कुछ नहीं दे सकता। अगर आप चाहें तो बियांका का विवाह मेरे साथ कर दीजिए। मेरी सारी सम्पत्ति की और मेरी स्वामिनी बनकर रहेगी वह।

तब तो आपके दृढ़ निश्चय के अनुसार बियांका पर मेरा अधिकार है। ग्रेमियो तो बाज़ी हार गए।

बैप्टिस्टा : मैं यह स्वीकार करता हूँ कि आपका आश्वासन ही सबसे ऊँचा है और अगर आपके पिता भी इस बात को स्वीकार कर लें तो फिर बियांका आपकी है नहीं तो मुझे क्षमा करें। अगर आप अपने पिता से पहले इस संसार से उठ गए तो फिर मेरी बेटी का दहेज कहाँ रहेगा?

यह बेकार की-सी बात है। वे बुड्ढे हैं, मैं जवान हूँ।

तो क्या बुड्ढों की तरह जवान नहीं मरते हैं?

बैप्टिस्टा : अच्छा श्रीमान्! तो अब मैंने निश्चय कर लिया है। इस रविवार को तो आप जानते हैं मेरी बेटी कैथरिना की शादी होने जा रही है, फिर अगले रविवार को आपकी बियांका के साथ शादी हो जाएगी, अगर आप यह पूरा विश्वास दिला देंगे, नहीं तो फिर श्रीमान् ग्रेमियो

ही मेरी बेटी के पति होंगे। अच्छा, धन्यवाद आप दोनों को, विदा।

(प्रस्थान)

विदा श्रीमान्। अब मुझे तुम्हारा डर नहीं है। लड़के! अगर तुम्हारा पिता बेवकूफ होगा, तभी तुम्हें इस सारी सम्पत्ति का अधिकार देगा और फिर अपने बुढ़ापे में तुम्हारा मुहताज रहेगा। हटो, हटो, इटली का एक बूढ़ा बाप इतना मेहरबान नहीं होता लड़के!

(प्रस्थान)

बुड्ढे! तुझसे तो बदला मैंने चुका ही लिया लेकिन मैं बातें बहुत बढ़-चढ़कर बना गया हूँ। मैं तो अपने स्वामी का हर तरह से हित करने का निश्चय कर चुका हूँ, लेकिन जहाँ तक पिता का सवाल है, बनावटी ल्यूसैंशियो को कोई बनावटी विन्सैंशियो ही पिता के रूप में मिल सकता है, यही एक ताज्जुब है। प्राय: तो बाप शादी के लिए बेटों को तैयार करते हैं लेकिन यहाँ अगर मैं अपनी चाल में कामयाब हो गया तो एक बेटे को अपने बाप को तैयार करके लाना पड़ेगा।

(प्रस्थान)

तीसरा अंक

दृश्य 1

(ल्यूसैंशियो, हौर्टेंशियो तथा बियांका का प्रवेश)

ल्यूसैंशियो : कलाकार! तुम बहुत आगे बढ़ आए हो, बस अब काबू में रखना अपने आपको। क्या तुम इतनी जल्दी भूल गए कि कैथरिना ने तुम्हारा किस तरह से स्वागत किया था?

हौर्टेंशियो : लेकिन हल्ला मचानेवाले ज्ञानी महोदय! हमारी संरक्षिका ने तो दिव्य सौन्दर्य पाया है, इसलिए मुझे यह अधिकार दो कि पहले जब मैं एक घण्टे तक इनको गाना-बजाना सिखा लूँ, उसके बाद तुम आराम से अपना ज्ञान इनको देना।

ल्यूसैंशियो : तुम तो पूरे गधे हो जो यह तक नहीं जानते हो कि संगीत की आवश्यकता क्या है! क्या अध्ययन के पश्चात् जब मनुष्य का मस्तिष्क थक जाता है, उसको ताज़ा करके उसमें नव-स्फूर्ति जगाना ही संगीत का लक्ष्य नहीं है? इसीलिए पहले मुझे दर्शनशास्त्र की शिक्षा दे लेने दो, फिर तुम्हारा अवसर आएगा, इस बीच तुम अपने तार-वार मिलाकर पूरी तरह तैयार हो जाना।

हौर्टेंशियो : मैं तुम्हारी इन बातों को बरदाश्त नहीं कर सकता।

बियांका : वाह, भले आदमी! तुम तो मेरे साथ दूना अन्याय करते हो। एक तो उसी चीज़ के लिए प्राय: करते हो जिसकी मैं अपने दिल में इच्छा रखती हूँ। मैं कोई ऐसी वैसी पण्डिता नहीं हूँ जैसे स्कूलों में

पिटनेवाली होती हैं। मैं वक़्त के साथ नहीं बाँधी जा सकती और न मेरे पढ़ाने का कोई निश्चित समय हो सकता है बल्कि मेरे पाठ तो जैसे मैं चाहूँगी वैसे पढ़ाने होंगे। इसलिए सारा झगड़ा यहीं खत्म करते हुए आओ बैठें। तुम अपना बाजा उठाओ और इसके तार मिलाकर इसे तैयार कर लो। बस इतनी ही देर में, मैं पढ़ चुकूँगी।

हौर्टेंशियो : श्रीमती! जब मैं बाजा मिला चुकूँ तो आप अपनी पढ़ाई खत्म कर दीजिए।

ल्यूसैंशियो : यह कभी नहीं होगा। हाँ हाँ, मिलाओ अपना बाजा।

बियांका : कहाँ पर छोड़ा था हमने पिछली बार ?

ल्यूसैंशियो : यहाँ पर श्रीमती !

हिक इबैट सिमोइंज़, हिक एस्ट सीजिया टैलस,
हिक स्टेटरैट प्रियामी रेगिया सेल्सा सेनिस।[1]

बियांका : इसका मतलब बताइए।

ल्यूसैंशियो : 'हिक इबैट' का मतलब है—जैसा मैंने पहले आपसे कहा था। 'सिमोइंज़' का मतलब है—मैं ल्यूसैंशियो हूँ। 'हिक एस्ट' का मतलब है—पीसा के विन्सैंशियो का पुत्र हूँ। 'सीजिया टैलस' का मतलब है— आपका प्रेम प्राप्त करने के लिए वेश बदलकर आया हूँ। 'हिक स्टेटरैट' का मतलब है—जो ल्यूसैंशियो आपके पास अपना प्रेम प्रदर्शित करने आता है। 'प्रियामी' का मतलब है—वह मेरा ही आदमी ट्रेनियो है। 'रेगियो' का मतलब है—वह मेरी ही वेश-भूषा धारण किए हुए है। 'सेल्सा सेनिस' का मतलब है—जिससे हम इस बेवकूफ़ बुड्ढे को चक्कर में डालकर बहका सकें।

हौर्टेंशियो : श्रीमती! मैंने अपना बाजा मिला लिया है।

यह ओविड़ की ऐप्सिटोले का पद है। इसका अर्थ है : 'यहाँ सिमोइंज़ नदी बहती थी। यह सीजिया का देश है। वृद्ध प्रियाम का ऊँचा प्रासाद यहाँ स्थित था।' हमने मूल लेटिन को देवनागरीलिपि में लिख दिया है, क्योंकि इन शब्दों का सही अर्थ पहले ही बियांका के सामने खुलने से तो घटनास्थल का सारा आनन्द चला जाता है और ल्यूसैंशियो की चालाकी पर भी प्रकाश नहीं पड़ता है। ल्यूसैंशियो बियांका का प्रेम जीतने के लिए उक्त पंक्ति का गलत अर्थ बताता है।

बियांका : सुनाओ तो। ओह दूर, दूर, तिगुना बेसुरा है।

ल्यूसैंशियो : लानत है, इस संधे में थूको और फिर मिलाओ इसको।

बियांका : अच्छा तो अब मैं देखती हूँ कि मैं इसका मतलब लगा पाती हूँ या नहीं।

'हिक इबैट सिमोइंज़'—इसका मतलब है—मैं आपको नहीं जानती।

'हिक एस्ट सीजिया टैलस—इसका मतलब है—मैं आपके ऊपर विश्वास नहीं करती।

'हिक स्टेटरैट प्रियामी'—इसका मतलब है—ध्यान रखना कहीं वह हमारी बातें न सुन ले।

'रेगिया'—इसका मतलब है—पूरा भरोसा मत करिए।

'सेल्सा सेनिस'—इसका मतलब है—निराश मत होइए।

हौर्टेंशियो : श्रीमती्! अब बाजा अच्छी तरह मिल चुका है।

ल्यूसैंशियो : यह सब ठीक है, सिर्फ़ पहला स्वर ठीक नहीं है।

हौर्टेंशियो : पहला स्वर तो ठीक है, अब तो पहले दर्जे का धूर्त और कमीना[1] ही बेसुरा है। हमारे ज्ञानी पण्डित भी कैसे उतावले और चालाक हैं। सच, यह धूर्त तो मेरी प्रिया को अपने वश में करने का प्रयत्न कर रहा है। पण्डित अब मैं और भी अच्छी तरह से तुम्हारे ऊपर निगरानी रखूँगा।

बियांका : हो सकता है, समय आने पर मैं इस पर विश्वास कर लूँ लेकिन अब तो मुझे विश्वास नहीं होता।

ल्यूसैंशियो : अविश्वास मत करिए क्योंकि यह निश्चय मानिए कि एजैक्स ही ईसाइडीज़ था जिसका नाम उसके पूर्वज के नाम पर पड़ा था।

बियांका : मेरे अध्यापक की बात को मुझे स्वीकार कर ही लेना चाहिए नहीं तो मैं सच कहती हूँ, अभी भी मैं इस बात पर शंका और तर्क उठा सकती हूँ, लेकिन छोड़िए, इसको। हाँ लीसियो! अब आपकी बारी है। मेरे अच्छे मास्टर! कृपया इस बात का बुरा न मानिए कि मैंने आप दोनों के प्रति बराबर का सौहार्द दिखाया है।

: इस शब्द को लेकर पन (द्वयर्थक शब्द) का प्रयोग किया गया है। इसके दो अर्थ हैं : पहला स्वर यानी मलाधार का स्वर, दूसरा मतलब है कमीना।

हौर्टेंशियो : अब आप जा सकते हैं। क्योंकि मेरा संगीत तीन अलग-अलग तरह की आवाजों के लिए नहीं है।

ल्यूसैंशियो : अच्छा श्रीमान्‌! इतनी तरतीब वाले आदमी हैं तो फिर मुझे यहाँ रुककर सब कुछ देखना चाहिए नहीं तो अवश्य मेरे साथ धोखा हो जाएगा। हमारे संगीतज्ञ महाशय तो पूरे प्रेमी बन रहे हैं।

हौर्टेंशियो : श्रीमती! इससे पहले कि आप इस साज़ पर उँगली रखना सीखें मैं आपको कला की मूल बातें समझाना चाहता हूँ। पहले तो थोड़े में ही आपको पूरी सरगम बताता हूँ। मुझसे अच्छी तरह और कोई संगीतज्ञ आपको नहीं बता सकता। देखिए, बड़ी खूबसूरती से वह लिखी हुई है।

बियांका : लेकिन मैं तो यह सरगम वगैरह बहुत पहले ही सीख चुकी हूँ।

हौर्टेंशियो : लेकिन अब आप हौर्टेंशियो की सरगम सीखिए।

बियांका : सरगम तो मैं हूँ। सभी स्वरों का आधार मैं ही हूँ। हाँ, ‘ए रे’ यानी हौर्टेंशियो के प्रेम के लिए प्रार्थना करना।

‘बी नी’—बियांका! उसे अपना पति मान लो।

‘सी घा उट’—जो अपने हृदय का सारा प्रेम तुम्हें देता है।

‘सी सोल रे’—एक तान, दो स्वर हैं मेरे पास।

‘ई ला मी’—या तो मेरे ऊपर रहम करो नहीं तो मैं मरता हूँ।

क्या इसे ही आप सरगम कहते हैं ?

हिश! मुझे यह पसन्द नहीं है। मुझे तो पुराने क़ायदे ही सबसे अच्छे लगते हैं। मैं इतनी अच्छी तो नहीं हूँ कि इन बेहूदी नई इजादों के पीछे सच्चे क़ायदों को बदल दूँ।

(एक सन्देशवाहक का प्रवेश)

श्रीमती! आपके पिता का सन्देश है कि आप अपनी पुस्तकें छोड़कर अपनी बहिन के कमरे को सजाने में मदद करिए, क्योंकि आप तो जानती ही हैं कल शादी का दिन है।

बियांका : अच्छा, मेरे अच्छे अध्यापको! मैं आप लोगों से विदा चाहती हूँ।

(बियांका तथा सेवक का प्रस्थान)

ल्यूसैंशियो : अच्छ तो श्रीमती! फिर यहाँ ठहरने की मुझे भी क्या आवश्यकता है।

(प्रस्थान)

हौर्टेंशियो : लेकिन मुझे तो इस ढोंगी पण्डित की अच्छी तरह जाँच करने की आवश्यकता है। मेरे विचार से तो इसको देखने से लगता है कि यह प्यार में डूबा हुआ है। लेकिन फिर बियांका यदि तू इतनी विनम्र है कि हर एक मामूली से आदमी पर भी तेरी दृष्टि ठहर जाती है तो फिर उसकी चिन्ता कर कि अगर मैंने तुझे कहीं इधर-उधर फिरते देखा तो फिर हौर्टेंशियो तुझे लेकर यहाँ से लापता हो जाएगा।

(प्रस्थान)

दृश्य 2

(बैप्टिस्टा, ग्रेमियो, ट्रेनियो, कैथरिना, बियांका,
ल्यूसैंशियो तथा अन्य सेवकों का प्रवेश)

बैप्टिस्टा : श्रीमान् ल्यूसैंशियो! कैथरिना और पैट्रूशियो की शादी के लिए आज का ही दिन निश्चित है लेकिन अभी तक हमारे दामाद का कहीं पता नहीं है। अब क्या कहेंगे लोग, क्या-क्या व्यंग्य नहीं कसे जाएँगे? पादरी तो शादी कराने के लिए तैयार खड़ा है लेकिन वर अभी तक आया ही नहीं है, ओह ल्यूसैंशियो! अब कहो क्या कहते हो? कितनी बदनामी होगी हमारी।

इसमें बदनामी तो सिर्फ मेरी है। मेरी शादी मेरी मर्ज़ी के खिलाफ़ एक ऐसे आदमी के साथ की जा रही है जो कि सिरफिरा बदमाश है, जिसने मुझसे प्यार दिखाकर शादी की बात तो जल्दी से तय कर ली और अब शादी अपने आराम से करना चाहता है। बड़े ही गुस्से से भरा हुआ है वह। मैंने पहले ही आपसे कहा था कि वह पक्का धूर्त है जो अपना दिखावटी खुले व्यवहार के नीचे अपनी कुटिलता को छिपाए हुए है और अपने आपको एक बहुत ही खुशदिल आदमी बताना चाहता है। वह हजारों से प्रेम करके शादी का दिन तय कर जाएगा, दोस्तों को निमन्त्रित करेगा और चारों तरफ इसकी खबर फैला देगा, लेकिन शादी उस औरत से कभी नहीं करेगा जिससे उसने प्रेम किया होगा। अब दुनिया इस अभागी कैथरिना की ओर उँगली उठाएगी और

अगर उसने शादी कर ली तो यही कहेगी कि यह देखो उस सिरफिरे पैट्रूशियो की स्त्री।

अच्छी कैथरिना! धैर्य रखो। बैप्टिस्टा! आप भी। मैं पूरे विश्वास के साथ कहता हूँ कि पैट्रूशियो का ऐसा खराब इरादा नहीं है चाहे दुर्भाग्यवश वह इस समय अपने वचन को पूरा नहीं कर पाया है। यद्यपि वह कुछ खुले और रूखे व्यवहार का आदमी तो है लेकिन फिर भी यह मैं जानता हूँ कि बड़ा बुद्धिमान है। यद्यपि वह पूरा मज़ाकिया है लेकिन फिर भी ईमानदार पूरा है।

जैसे कि कैथरिना ने तो उसे कभी देखा ही नहीं है।

(रोती हुई जाती है, पीछे से बियांका तथा
अन्य सभी भी चले जाते हैं।)

बैप्टिस्टा : जा बेटी! इस रोने के ऊपर मैं तुझ पर किसी तरह का दोष नहीं लगा सकता क्योंकि इस तरह के आघात से तो एक साधु की आत्मा भी दु:खी होकर रो उठेगी, फिर तेरी जैसी कर्कशा और उत्तेजित स्वभाव की स्त्री और भी अधिक रोएगी ही।

(बॉइंडैलो का प्रवेश)

बॉइंडैलो : स्वामी! स्वामी! समाचार, ऐसा समाचार जैसा आपने कभी नहीं सुना होगा।

बैप्टिस्टा : क्या यह नया और पुराना दोनों तरह का है? यह कैसे हो सकता है?

बॉइंडैलो : श्रीमान! क्या यह पैट्रूशियो के आने का समाचार नहीं है?

बैप्टिस्टा : क्या वह आ गया है?

बॉइंडैलो : जी नहीं, श्रीमान्!

बैप्टिस्टा : तो फिर?

बॉइंडैलो : वे आ रहे हैं।

बैप्टिस्टा : तो कब तक आ जाएँगे वे?

बॉइंडैलो : जबकि वे आकर वहाँ खड़े हो जाएँगे जहाँ मैं हूँ और आपको वहाँ देखने लगेंगे।

लेकिन यह तो बताओ, तुम्हारे उस पुराने समाचार का क्या हुआ?

बॉइंडैलो : पैट्रूशियो आ रहे हैं। नया तो उनका टोप है और पुरानी जर्किन है, तीन बार उलटी हुई पुरानी बिरजिस है, जूते हैं जोकि बिलकुल बत्तियों के बचे हुए जले टुकड़े रखने के खोखे लगते हैं जिनमें एक में तो बक्सुआ लगा हुआ है, तो दूसरा फीते से बँधा हुआ है, एक पुरानी जंग लगी तलवार है, जो शायद किसी पुराने शस्त्रागार से निकालकर लाई गई है जहाँ पर वक्त ज़रूरत के लिए ऐसी चीज़ें रखी रहती हैं। फिर उस तलवार की मूँठ भी टूटी हुई है और नीचे म्यान का फौलादी सिरा भी साफ़ है, दोनों धारें भी उसकी टूटी हुई हैं। उनके पास एक घोड़ा है जिस पर एक बहुत पुरानी दीमक चटी हुई ज़ीन है और बुरी-सी रकाब है। इसके अलावा उसकी गरदन के नीचे का हिस्सा सूजा हुआ है, मुँह के अन्दर भी जैसे साँस लेते समय नथूने उठते हैं, वैसी सूजन है, शरीर भी सूजा हुआ है, पूँछ की तरफ भी कुछ बीमारी है, पीछे के पैरों के जोड़ पर भी सूजन है, पीलिया की बीमारी और है, फिर कानों के पीछे जो सूजन है उसका तो कोई इलाज ही नहीं है अब, और इसी कारण वह पूरी तरह परेशान है, पेट में कीड़े हैं उसके जो पीछे की तरफ जमे हुए हैं, कंधे कुछ ऊबड़-खाबड़ है, आगे के पैरों के घुटने एक दूसरे से टकराते हैं, एक कमज़ोर-सी लगाम है और वह भी भेड़ की खाल की जो जब कभी घोड़े को लड़खड़ाकर गिरने से बचाने के लिए खींची जाती है, फौरन टूट जाती है और फिर गाँठ लगाकर उसको जोड़ा जाता है। ज़ीन कसने का फीता कोई छ: टुकड़े जोड़कर बनाया गया है और ज़ीन को पूँछ से बाँधने के लिए एक फीता है जैसा स्त्रियाँ अपने घोड़ों की ज़ीनों के साथ लगाती हैं जिस पर उनके नाम के दो अक्षर लिखे रहते हैं। उस पर भी, धातु पर वे अक्षर लिखे हुए लगे हैं। फिर वह इतनी पुरानी चीज़ है कि इधर-उधर से तागों से उसे सीकर ही ठीक रखा गया है।

बैप्टिस्टा : उसके साथ कौन आ रहा है ?

बॉइंडैलो : श्रीमान्, उनका एक नौकर है उनके साथ बिलकुल घोड़े की तरह ही उसकी वेशभूषा है। एक पैर में तो लिनन का मोज़ा है और दूसरे पैर में बहुत ही मोटे और खराब कपड़े का मोज़ा चढ़ा हुआ है,

फिर दोनों को दो अलग-अलग लाल और नीले फीतों से बाँध रखा है;
एक पुराना टोप है, सच वह तो एक पूरा बहुरूपिया है जिसमें चालीस
तरह की अजीब बेहूदगियाँ हैं, बस देखते ही पक्का, बदमाश, आवारा
लगता है। श्रीमान! वह किसी शरीफ़ आदमी के नौकर जैसा या कोई
अच्छे ईसाई किस्म का नौकर जैसा तो लगता ही नहीं है।

ऐसा वेश बनाकर वह आया है, तो अवश्य उनके दिमाग में कोई
बड़ा फितूर है लेकिन फिर भी अक्सर वह इस तरह की गन्दी और भद्दी
वेशभूषा बनाकर तो आता-जाता है।

बैप्टिस्टा : मुझे तो इसी में खुशी है कि चाहे जैसे भी आया, वह आया तो

बॉइंडैलो : जी श्रीमान्! वे तो नहीं आ रहे हैं।

बैप्टिस्टा : क्यों तुमने अभी नहीं कहा था कि वह आ रहा है?

बॉइंडैलो : किसके लिए कहा था? क्या पैट्रूशियो के लिए?

बैप्टिस्टा : हाँ पैट्रूशियो के लिए।

बॉइंडैलो : जी नहीं श्रीमान् वे नहीं, उनका घोड़ा, उसके साथ उसकी पीठ
पर आ रहे हैं।

बैप्टिस्टा : हाँ, हाँ, वह एक ही है।

बॉइंडैलो : जी नहीं, मैं सैण्ट जेमी की सौगन्ध खाकर शर्त बदता हूँ कि एक
आदमी और एक घोड़ा मिलकर एक से ज्यादा होते हैं, फिर भी बहुत
नहीं कह सकते उन्हें।

(पैट्रूशियो तथा ग्रूमियो का प्रवेश)

पैट्रूशियो : कहाँ हैं सब लोग? कोई है घर पर?

बैप्टिस्टा : आपका स्वागत है श्रीमान्!

पैट्रूशियो : लेकिन मेरा आगमन फिर भी शुभ नहीं रहा।

बैप्टिस्टा : फिर भी आप रुके तो नहीं रास्ते में।

जैसा मैं चाहता था वैसे अच्छे कपड़े आप नहीं पहने हुए हैं।

पैट्रूशियो : अगर ये इनसे अच्छे होते तो मैं इस तरह झपटता; लेकिन केटे
कहाँ है? मेरी प्रिया कहाँ है? मेरे पिता कैसे हैं? श्रीमान, मुझे लगता
है, आप लोग कुछ क्रुद्ध हैं और हमको आप इस तरह से देख रहे हैं

जैसे मानो कोई अजनबी शिलालेख हो या कोई पुच्छल तारा या कोई असाधारण दैत्य दिखाई दे रहा हो। क्या कारण है इसका ?

बैप्टिस्टा : श्रीमान्, आप तो यह जानते ही हैं कि आज आपकी शादी का दिन है। पहले तो हमको यही सोचकर दुःख हुआ था कि आप नहीं आएँगे लेकिन अब इससे भी अधिक दुःख इस बात का है कि आप बिना किसी तरह की तैयारी के आए हैं। अपनी हालत पर आपको शरम आनी चाहिए। उतार दीजिए इन कपड़ों को। इस खुशी के दिन यह क्या हृदय दुखानेवाला रूप आपने बनाया है ?

यह बताइए कि ऐसा कौन-सा महत्त्वपूर्ण कार्य आपको लग गया था कि आप अभी तक नहीं आ पाए और फिर आए भी तो इस वेश में जिसमें हमने आपको कभी नहीं देखा था ?

पैट्रूशियो : यह सब कुछ बताना कठिन कार्य है और फिर इतना असह्य है कि आप सुन भी नहीं पाएँगे, बस अब तो इतना कहना ही पर्याप्त है कि मैं अपने वचन का पालन करने के लिए आ पहुँचा हूँ, कुछ देरी मुझे अवश्य लगी लेकिन कभी आराम से बैठकर मैं इसका कारण बताऊँगा जिससे आपको पूरा सन्तोष हो जाएगा लेकिन केटे कहाँ है ? बहुत देर हो गई, वह अभी तक नहीं आई। सुबह का समय निकला जा रहा है, इस समय तो हमको गिरजाघर पहुँच जाना चाहिए था।

अपनी इस अजीब भद्दी पोशाक में अपनी वधू से मत मिलिए, जाइए मेरे घर जाकर कपड़े पहन आइए।

पैट्रूशियो : नहीं, मैं ऐसा कभी नहीं करूँगा। इसी वेश में मैं उससे मिलूँगा।

बैप्टिस्टा : लेकिन इस तरह से मैं सोचता हूँ आप उसके साथ शादी नहीं कर पाएँगे।

पैट्रूशियो : अच्छा तो आप ऐसी बातें करेंगे, बस अब काफ़ी हो चुका। उसकी शादी मुझसे होनी है न कि मेरे कपड़ों से। जैसे मैं अपने इन भद्दे कपड़ों को बदल सकता हूँ वैसे ही यदि जो कुछ भी कमी वह मुझमें कर देगी उसको मैं पूरा कर सकूँ तो केटे के लिए तो अच्छा है ही, मेरे लिए और भी अच्छा है, लेकिन मैं भी कैसा गधा हूँ कि उस वक्त आपसे बातें कर रहा हूँ जबकि मुझे जाकर अपनी पत्नी को

नमस्ते करनी चाहिए और उसका प्यार लेकर इस सबको पक्का करना चाहिए।

(प्रस्थान)

(पैट्रूशियो, ग्रूमियो और बॉइंडैलो का प्रस्थान)

इस पागलपन की पोशाक के पीछे भी इसका कोई रहस्य अवश्य है लेकिन फिर भी गिरजाघर जाने से पहले हम पूरी कोशिश करेंगे कि यह अच्छे कपड़े पहन ले।

बैप्टिस्टा : मैं इसके पीछे जाकर सारी बात देखता हूँ।

(प्रस्थान)

(सभी का प्रस्थान। केवल ट्रेनियो और ल्यूसैंशियो रह जाते हैं।)

लेकिन श्रीमान्! इस प्रेम की सफलता के लिए हमें उसके पिता को अवश्य सन्तुष्ट करना पड़ेगा और उसके लिए जैसा मैंने आपसे पहले कहा था कि चाहे कहीं मिले मुझे एक ऐसा आदमी तलाश करना है जो पीसा का विन्सैंशियो बनकर यहाँ पैंडुआ में उससे भी अधिक धन और सम्पत्ति का आश्वासन दे दे जितने का मैंने वायदा किया है। इसमें कोई अधिक दिमाग-पच्ची की जरूरत नहीं होगी। हम उस आदमी को पढ़ा-लिखाकर मौके के लिए तैयार कर लेंगे! इस तरह आप निश्चिन्त होकर अपनी प्रेयसी बियांका से विवाह कर सकेंगे जिसके लिए वह भी सहर्ष तैयार हो जाएगी।

ल्यूसैंशियो : अगर वह मेरा साथी अध्यापक बियांका के पीछे अपनी निगाह नहीं लगाए होता तो मैं तो छिपे तौर से उससे शादी कर लेता और एक बार जब शादी हो जाती तो फिर चाहे सारी दुनिया नहीं मानती तो मैं तो दुनिया की परवाह न करते हुए अपनी बात पर जमा ही रहता।

उसके लिए हम सीढ़ी दर सीढ़ी चलकर इसमें अपना फ़ायदा देखते हुए बढ़ना चाहते हैं। पहले तो बुड्ढे ग्रेमियो को, फिर उसके बाप मिनोला को जिसको कम दीखता है, और फिर उस प्रेम में डूबे हुए विचित्र से मूर्ख संगीतज्ञ को पीछे छोड़कर मेरे स्वामी ल्यूसैंशियो के लिए आगे बढ़ना पड़ेगा।

(ग्रेमियो का प्रवेश)

श्रीमान ग्रेमियो! क्या आप गिरजाघर से वापस आये हैं?

जी हाँ, वहीं से तो।

क्या वर और वधू घर की ओर आ रहे हैं?

वर कहते हैं, आप उसको? हाँ, हाँ, निस्सन्देह, वर तो वह है, बहुत ही बड़बड़ानेवाला वर है, लड़की की उसके साथ शादी हो गई है।

क्या उससे भी अधिक सिरफिरा और बदमाश है? नहीं, नहीं, यह तो असम्भव है।

अरे, पूरा धूर्त है, छटा हुआ बदमाश, बिलकुल पिशाच है।

लेकिन वह भी तो पूरी धूर्त, बदमाश और एक पिशाच की अम्मा है।

वह, वह तो उसके सामने एक मेंमने जैसी है, छोटे सफेद कबूतर की तरह शान्त और सीधी है, सच उसके आगे तो वह बेवकूफ है। मैं आपको बताता हूँ श्रीमान् ल्यूसैंशियो! जब पादरी ने यह पूछा कि क्या कैथरिना को अपनी पत्नी के रूप में वह स्वीकार करता है तो वह कहने लगा—सच, ईसामसीह की सौगन्ध। इतनी ज़ोर से पुकारकर सौगन्ध खाई थी उसने कि एक साथ सभी लोग चौंक पड़े, पादरी के हाथ से किताब गिर पड़ी और जब वह उसको उठाने के लिए नीचे झुका तो उस सिरफिरे वर ने उसको ऐसा थप्पड़ दिया कि किताब सहित बेचारा पादरी जमीन पर गिर पड़ा। इसके बाद कहने लगा कि अगर कोई चाहे तो इन्हें उठा ले।

लेकिन उस लड़की ने उस समय क्या कहा जबकि वह उठकर फिर खड़ा हो गया था?

काँपने लगी थरथर। उस आदमी ने पहले तो अपना पैर उठाकर धमाके के साथ जमीन पर मारा, फिर उसने इस तरह सौगन्ध खाई जैसे मानो कि 'विकार' उसे किसी तरह धोखा देना चाहता हो लेकिन शादी की जब बहुत-सी रस्में हो चुकीं तो वह शराब माँगने लगा, कहने लगा—मेरी तन्दुरुस्ती की खुराक! जैसे कि मानो वह बाहर इसी तरह हल्ला और तूफान मचाकर अपने दोस्तों के साथ शराब पीता रहा है। उस कीमती शराब को जो उसके लिए लाई गई थी, वह पी गया और

फिर उस प्याले में बचे 'केक्र के टुकड़ों को उस पादरी के मुँह पर फेंक दिया। उसका कोई दूसरा कारण नहीं था, सिर्फ़ यही था कि उसकी दाढ़ी पतली पड़ गई थी, जब वह शराब पी रहा था तो लगता था कि मानो वह भूखी दाढ़ी इन 'केक्र के टुकड़ों को माँग रही थी। यह सब कुछ करने के बाद उसने अपनी दुल्हन को गरदन पर से पकड़ा और उसके ओठों को इतनी जोर से चूमा कि उसकी आवाज पूरे गिरजाघर में गूँज गई। यह देखकर मैं तो शरम के मारे वहाँ से चला आया और मेरे विचार से मेरे पीछे सभी लोग आ रहे हैं। ऐसी अजीब बेहूदी शादी तो पहले कभी नहीं हुई। सुनिए, सुनिए मुझे बाजों की आवाज़ सुनाई पड़ रही है।

(संगीत की ध्वनि उठती है।)

(पैट्रूशियो, केटे, बियांका, हौर्टेंशियो, बैप्टिस्टा,
ग्रूमियो और अन्य सभी का प्रवेश)

पैट्रूशियो : मित्रो और सज्जनो! आपने जो कष्ट उठाया है उसके लिए मैं आपको धन्यवाद देता हूँ। मैं जानता हूँ, आप लोग आज मेरे साथ दावत खाना चाहते हैं और आप लोगों ने शादी के जलसे के लिए भी काफी तैयारी की है लेकिन यह होते हुए भी मुझे किसी कार्यवश यहाँ से शीघ्र जाना है अत: मैं आपसे आज्ञा चाहता हूँ।

बैप्टिस्टा : क्या यह कभी सम्भव हो सकता है कि आप आज रात को ही यहाँ से चले जाएँ?

पैट्रूशियो : रात की कहते हैं? श्रीमान! रात आने से पहले ही मुझे यहाँ से चले जाना चाहिए। आश्चर्य मत करिए। अगर आपको उस कार्य के बारे में पता होता जिसके लिए मुझे जाना है, तो यहाँ रोकने की बजाय मुझसे जाने का आग्रह करते। अच्छा, मेरे अच्छे मित्रो! आप सभी को धन्यवाद! जिन्होंने मुझे अनुगृहीत किया है, वे कृपया मेरी गुणवती, सरल और मधुर व्यवहार वाली पत्नी के साथ मुझे जाने की आज्ञा प्रदान करें। मेरे पिता के साथ आप दावत खाइए और मेरी सेहत के लिए शराब का प्याला पीजिए। अब मैं चलता हूँ, विदा।

हमारी प्रार्थना मानकर कृपया दावत तक तो रुक जाइए।

पैट्रूशियो : यह नहीं हो सकेगा।

मेरी प्रार्थना ही स्वीकार करिए।

पैट्रूशियो : जी नहीं, यह किसी हालत में नहीं हो सकता।

मैं आपसे प्रार्थना करती हूँ।

पैट्रूशियो : मैं अब राज़ी हूँ।

क्या आप यहाँ ठहरने के लिए राज़ी हैं?

पैट्रूशियो : मैं इसलिए राज़ी हूँ कि तुमने मुझसे ठहरने के लिए प्रार्थना की; लेकिन फिर भी तुम कितनी भी प्रार्थना करो ठहर नहीं सकता।

अच्छा, तो अब अगर आप मुझसे प्यार करते हैं तो ठहर जाइए।

पैट्रूशियो : ग्रूमियो! मेरा घोड़ा।

जी श्रीमान्! सब तैयार हैं। घास ने घोड़े खा लिए हैं।

ठीक है तो, जो आपसे किया जाए वह करिए मैं आज यहाँ से नहीं जाऊँगी, न कल जाऊँगी, यानी अब तो मेरी मर्ज़ी आएगी तब जाऊँगी। आपके लिए दरवाज़ा खुला है और वह आपका रास्ता है, जब आपका जी चाहे चले जाइए, मैं तब तक नहीं जाऊँगी जब तक मेरा जी नहीं चाहेगा। आप पहले पहल जिस तरह का बर्ताव कर रहे हैं, उससे लगता है आप खुशदिल और गुस्सैल दोनों तरह के आदमी निकलेंगे।

पैट्रूशियो : ओ केटे! इतनी नाराज मत होओ।

मैं नाराज होऊँगी, आपको इससे क्या?

पिता! आप धैर्य रखिए, मैं जब तक ठहरूँगी तब तक इनको यहाँ ठहरना पड़ेगा।

पैट्रूशियो : हाँ, हाँ, श्रीमान्! अब तो इस नाराज़गी ने अपना काम करना शुरू किया।

श्रीमान् आप सभी शादी की दावत में भाग लेने के लिए चलें। सच है, अगर स्त्री में विरोध करने की सामर्थ्य नहीं होती है तो वह पुरुष के हाथों मूर्ख बन जाती है।

पैट्रूशियो : केटे! वे तो तुम्हारे कहते ही चले जाएँगे। हाँ, सज्जनो! आप लोग दुल्हिन की आज्ञा का पालन करिए। दावत में भाग लेने जाइए, खूब खुशी मनाइए और भर-भर प्याले शराब पीजिए, दुल्हिन की सेहत के लिए। इतनी खुशी मनाइए कि पी-पीकर पागल हो जाइए और फिर

अपने गले में फाँसी का फन्दा लगा लीजिए। लेकिन मेरी दुबली-पतली केटे तो मेरे साथ ही रहेगी।

हाँ-हाँ, घूरिए मत मुझको, गुस्सा मत होइए, जो मेरी अपनी चीज़ है, उसका तो मालिक मैं ही हूँ। केटे मेरी चीज़ है, मेरी जायदाद है। वह मेरा घर है, मेरे घर का सारा सामान है। मेरे खेत, खलिहान, घोड़ा, बैल, गधा और जो कुछ भी मेरा है, सब वही है। यह खड़ी है, मेरी केटे। किसी की हिम्मत हो तो आगे बढ़कर उसके हाथ लगाए। बहादुर से बहादुर कोई भी आकर पैंडुआ में मेरा रास्ता रोकेगा तो फिर मैं उसका मज़ा चखाऊँगा। ग्रूमियो! खींच ले अपना हथियार। हम चोरों के बीच घिर गए हैं। अगर तू एक मर्द है तो अपनी मालकिन को इनके बीच से छुड़ा ले जा। मेरी केटे! डरो नहीं, कोई तुम्हें नहीं छू सकता। दस लाख आदमी भी आ जाएँ उनसे भी मैं तुम्हारी रक्षा कर सकता हूँ।

(पैटूशियो, कैथरिना और ग्रूमियो का प्रस्थान)

बैप्टिस्टा : शान्तिपूर्ण प्राणियों के इस जोड़े को जाने भी दीजिए।

अगर वे यहाँ से जल्दी नहीं गए तो सच मैं तो हँसते-हँसते मर जाऊँगा।

बड़े-बड़े सिरफिरों के जोड़े देखे लेकिन ऐसा तो शायद कहीं नहीं मिला।

बियांका : कि जिस तरह मेरी बहिन का सिर फिरा हुआ है, इसी तरह सिरफिरे के साथ उसकी शादी हुई।

मैं यह दावे के साथ कहता हूँ कि पैटूशियो पर भी केटे का असर पूरी तरह आ गया।

बैप्टिस्टा : मित्रो! यद्यपि इस दावत में दुल्हा और दुल्हिन अपने स्थान को सुशोभित करने के लिए उपस्थित नहीं हैं, लेकिन फिर भी किसी तरह के पदार्थों की कमी नहीं है।

ल्यूसैंशियो! आप तो दुल्हा का स्थान ग्रहण करेंगे और बियांका अपनी बहिन का रिक्त स्थान ग्रहण करेगी।

क्या सुन्दरी बियांका दुल्हिन बनने का अभ्यास करेंगी ?

बैप्टिस्टा : अवश्य ल्यूसैंशियो! आइए श्रीमान्, चले यहाँ से।

(प्रस्थान)

चौथा अंक

दृश्य 1

(ग्रूमियो का प्रवेश)

ग्रूमियो : इन सभी विक्षिप्त प्राणियों पर, सिरफिरे मालिकों पर और तमाम तरह के गन्दे तरीकों पर तो शैतान की मार पड़े। क्या कभी भी किसी आदमी को इस बुरी तरह पीटा गया है? क्या कभी भी किसी पर इतनी धूल डाली गई है? क्या कभी भी आदमी इतना परेशान हुआ है? मुझे पहले आग जलाने के लिए भेजा गया है और वे पीछे से अपने आपको गरमाने के लिए आ रहे हैं। अब अगर मैं एक छोटा-सा घड़ा नहीं होता जो जल्दी से गरम हो जाता है तो सच, मेरे ओठ मेरे दाँतों तक जम जाते, जीभ तालु से चिपक जाती, दिल पेट में घुस जाता। कहीं आग के पास अपने आपको गरम करने के लिए आता उससे पहले तो यह सब कुछ हो लेता लेकिन अब मैं आग में फूँक देता हुआ अपने आपको गरम करूँगा। मौसम तो इतना खराब है कि अगर मुझसे भी कोई ताकतवर आदमी होता, उसको भी जुकाम हो गया होता। अरे, कर्टिस! कहो।

(कर्टिस का प्रवेश)

कौन है जो इतने ठण्डे तरीके से बोल रहा है?

एक बरफ का टुकड़ा है। अगर तुमको सन्देह हो तो मेरे कन्धे से एड़ी तक फिसल सकते हो, भागने की भी अधिक आवश्यकता नहीं है, सिर्फ़ मेरा सिर और गरदन हैं?

दोस्त कर्टिस! आग जलानी है।

दोस्त कर्टिस! आग जलानी है।

क्या मेरे स्वामी और स्वामिनी आ रहे हैं ग्रूमियो?

हाँ हाँ, कर्टिस! इसीलिए आग की आवश्यकता है। देखो पानी मत डालना।

क्या उस कर्कशा का मिज़ाज उतना ही गरम है जैसा उसके बारे में कहा जाता है?

इस पाले पड़ने से पहले तो वह अच्छी थी लेकिन तुम जानते हो कर्टिस! जाड़ा तो आदमी, औरत और जानवर सबको अपने काबू में कर लेता है क्योंकि इसने मेरे नए स्वामी, नई स्वामिनी और मुझे स्वयं को अपने वश में कर लिया है।

दूर हट, तीन इंची बेवकूफ! मैं कोई जानवर नहीं हूँ।

क्या मैं बस तीन इंच का ही हूँ? अरे तुम्हारा सींग ही एक फुट का होगा। बस उतना ही लम्बा तो कम से कम मैं हूँ। लेकिन क्या तुम आग जला दोगे या स्वामिनी से तुम्हारी शिकायत करूँ जिनके हाथों का करारापन तुम्हें अभी पता चल जाएगा, बस वे पास आ ही गई हैं। अपने इस काम में सुस्ती करने का नतीजा यही मिलेगा कि जाड़े में इन करारे हाथों से थोड़ा आराम मिल जाएगा।

दोस्त ग्रूमियो! यह बताओ, दुनिया कैसे चल रही है?

कर्टिस! बस सारी दुनिया ठण्डी पड़ी हुई है, गरम होने का काम तो तुम्हारा है इसलिए आग जला दो। जो तुम्हारा कर्त्तव्य है उसका पालन करो क्योंकि स्वामी और स्वामिनी ठण्ड से बिलकुल मर गए होंगे।

आग तैयार है, इसलिए दोस्त ग्रूमियो! अब समाचार सुनाओ।

हाँ हाँ लड़के! तुम चाहोगे उतने समाचार बताऊँगा तुम्हें।

पूरे धूर्त हो तुम।

इसलिए कहता हूँ, आग जलाओ, मुझे तो बड़ी ठण्ड लग गई है। वह बावर्ची कहाँ है? क्या खाना तैयार है? क्या मकान की सफाई हो चुकी है? क्या फर्शों पर नई हरियाली छाँट दी गई है? क्या मकड़ियों के जाले निकाल दिए गए हैं? सभी नौकर तो अपनी नई पोशाक में हैं न? क्या सफेद मोज़े पहन रखे हैं उन्होंने और क्या हरएक अधिकारी

ने अपनी शादी के कपड़े पहन लिए हैं? और चमड़े का बर्तन[1] अन्दर हो तो फिर पैक बाहर होना चाहिए। इनके अलावा क्या क़ालीन बिछ गए? सभी चीज़ें तरतीब से हैं न?

सब ठीक है, इसलिए कृपा करके अब तो कोई समाचार सुना दो।

पहले तो यह जान लो कि मेरा घोड़ा थक गया है। मेरे स्वामी और स्वामिनी दोनों उस पर से गिर चुके हैं।

कैसे?

अपनी ज़ीनों पर से उछलकर धूल में जा गिरे और उसका एक पूरा किस्सा है।

सुनाओ दोस्त।

अच्छा तो सुनो।

यहाँ!

वहाँ।

यह तो कोई कहानी सुनना नहीं है, उसका अनुभव करना है।

इसीलिए इसको अक्लमन्दी की कहानी कहा जाता है और यह झटका तो तुम्हारे कानों को हिलाकर तुम्हें सुनने के लिए प्रेरित करने को था। अब मैं शुरू करता हूँ। पहले पहल तो हम एक ऊबड़-खाबड़ बुरी पहाड़ी के नीचे आए, मेरे स्वामी स्वामिनी के पीछे घोड़े पर चढ़े आ रहे थे।

दोनों एक ही घोड़े पर?

तुम्हें क्या इससे?

एक घोड़ा क्यों?

अच्छा तो अब तुम कहो कहानी। अगर तुमने मुझे बीच में टोका नहीं होता तो तुम सुनते कि किस तरह स्वामिनी का घोड़ा गिर पड़ा

Jacks & Jills : इन शब्दों के अर्थ हैं—Jacks—चमड़े का बर्तन, Jills—शराब नापने का पैक। इन पर पन (द्व्यर्थक शब्द) का प्रयोग किया गया है क्योंकि इनसे लड़के और लड़कियों होना भी अर्थ लगता है।

और वे उस घोड़े के नीचे आ गईं। तुमने सुना होता कि वे कैसे दलदल में गिरी थीं जिससे वे पूरी तरह कीचड़ से सन गईं और कैसे स्वामी उनको उसी तरह घोड़े के नीचे दबे हुए ही छोड़ आए और फिर कैसे उन्होंने मुझे मारा क्योंकि स्वामिनी का घोड़ा लड़खड़ाकर गिर पड़ा और यह भी तुम सुनते कि कैसे स्वामिनी स्वयं उस कीचड़ में से उठकर मुझे स्वामी की मार से बचाने के लिए आई थीं। तुम सुनते कि कैसे स्वामी ने सौगन्धें खाईं और स्वामिनी ने भगवान् से प्रार्थना की जैसे पहले कभी नहीं की थी, फिर कैसे मैं चिल्लाया, कैसे वे घोड़े भाग गए, कैसे स्वामिनी की लगाम टूट गई, कैसे ज़ीन कसने की पेटी मुझ से खो गई, इसी तरह की बहुत-सी याद रखने योग्य बातें तुम सुनते जो अब बिना किसी के सामने आए वैसे ही शून्य में नष्ट हो जाएँगी और तुम मरोगे तब भी अनुभवहीन ही रहकर अपनी क़ब्र में जाओगे।

कर्टिस : इस हिसाब से तो स्वामी स्वामिनी से कहीं अधिक बिगड़ेदिल आदमी हैं।

बिलकुल, और इसका निश्चय तुम्हें और तुममें से ऊँचे-से-ऊँचे घमण्डी को उस समय हो जाएगा जब वे यहाँ आ जाएँगे। लेकिन मैं इसकी क्या बातें कर रहा हूँ? नैथनियल, जोसफ, निकोलस, फिलिप, वॉल्टर, शुगरसौप और अन्य सभी को बुलाओ। उन सभी के बाल अच्छी तरह कढ़े होने चाहिए, नीले कोटों पर ब्रुश से सफाई होनी चाहिए और मोज़ों के फीते अच्छी तरह बँधे होने चाहिए और स्वागत में उन्हें अपने बाँए पैर ही झुकाने चाहिए, और जब तक वे अपने हाथों को चूम न लें तब तक स्वामी के घोड़े का एक बाल भी उन्हें नहीं छूना चाहिए। क्या वे सभी तैयार हैं?

हाँ, सभी तैयार हैं।

अच्छा तो बुलाओ उन्हें।

अरे सुनते हो ? स्वामिनी को सिर झुकाने के लिए तुम्हें स्वामी से मिलना चाहिए।

स्वामिनी का तो अपना ही सिर है।

इसे कौन नहीं जानता है ?

सम्भवतया तुम, जो उनके लिए अपने सिर झुकाने के सम्बन्ध में इतने लोगों को बुला रहे हो।

मैं तो उनको स्वामिनी का स्वागत करने को बुला रहा हूँ।

(तीन या चार सेवकों का प्रवेश)

लेकिन वे तो उनसे कुछ माँगने के लिए[1] नहीं आ रही हैं।

नैथनियल : कहो, ग्रूमियो ?

फिलिप : कहो, कैसे हो ग्रूमियो ?

क्या हालचाल है, ग्रूमियो ?

निकोलस : कहो दोस्त, ग्रूमियो।

नैथनियल : मेरे पुराने दोस्त ! बताओ अपनी बात ?

तुम्हारा सभी का स्वागत है। कैसे हो सभी ? तुम बताओ, और हाँ तुम कैसे हो ? अच्छा, बस अब स्वागत और हालचाल पूछना सभी हो गया। अच्छा मेरे फुर्तीले और साफ-सुथरे साथियो ! क्या सभी कुछ तैयार है ? सभी चीज़ें ठीक तरह हैं न ?

नैथनियल : सभी चीज़ें ठीक हैं। यह बताओ, स्वामी कितने पास आ गए हैं अब ?

ग्रूमियो : बिलकुल पास हैं, बस घोड़े से उतर गए हैं। देखो ऐसा नहीं करना—अरे भगवान् की सौगन्ध। चुप, चुप, स्वामी के आने की आवाज सुनाई दे रही है।

Credit और Borrow : कर्टिस और ग्रूमियो के बीच बातों का खेल चल रहा है। Countenance शब्द को लेकर यही वाक्-कौशल चला था। इसका शाब्दिक अर्थ है सम्मान करना लेकिन सिर झुकाने का प्रयोग करके हमने सम्मान का भावार्थ भी दे दिया है और वाक्-कौशल को भी कुछ हद तक निभा दिया है। लेकिन आगे Credit और Debit में बातें चलने लगती हैं, यह कठिन हो जाता है। कर्टिस Credit) शब्द का प्रयोग 'सम्मान' के लिए करता है लेकिन ग्रूमियो उसका 'कूर्ज़ा' मतलब लगाकर बाद में Borrow शब्द का प्रयोग करता है, जिसका मतलब है उधार माँगना। इस तरह यह बेतुका मज़ाक़ बढ़ता है।

(पैट्रूशियो और केटे का प्रवेश)

पैट्रूशियो : कहाँ हैं वे बदमाश ? मेरी रकाब थामने के लिए और घोड़ा लेने के लिए कोई भी दरवाज़े पर नहीं है।

सभी सेवक : यहाँ हैं श्रीमान्, हम सभी यहाँ उपस्थित हैं आपकी सेवा में।

पैट्रूशियो : यहाँ हैं, यहाँ हैं श्रीमान, सभी सेवा में उपस्थित हैं, बदमाश, जंगली, गधे कहीं के, यह क्या है ? दरवाज़े पर कोई नहीं ! हमारा कोई सम्मान नहीं ! क्या तुम्हारा किसी तरह का फ़र्ज़ नहीं है ? कहाँ है वह बदमाश गधा जिसे मैंने पहले ही यहाँ भेजा था ?

जी श्रीमान् ! जैसा गधा पहले था, वैसा ही अब हूँ।

पैट्रूशियो : बदमाश ! धूर्त ! आटे की चक्की के घोड़े[1] ! क्या मैंने तुझसे यह नहीं कहा था कि मुझसे बाग में मिलना और अपने साथ उन सभी बदमाशों को भी ले आना ?

श्रीमान् ! उस समय तक नैथनियल का कोट पूरी तरह बनकर तैयार नहीं हुआ था और गैब्रियल के जूतों की एड़ियाँ अधूरी थीं। पीटर के टोप का रंग करने के लिए मशाल[2] ही नहीं जली थी। वाल्टर की कटार पर धार नहीं रखी गई थी। कोई भी तो पूरी तरह तैयार नहीं था, सिर्फ़ ऐडम, रैल्फ और ग्रैगरी तैयार थे। बाकी के लोग बुरी भद्दी हालत में थे लेकिन फिर भी जैसे भी वे हैं, यहाँ आपके पास आए हैं।

पैट्रूशियो : जाओ बदमाश ! मेरा खाना अन्दर ले आओ।

(सेवकों का प्रस्थान)

कहाँ है वह आराम की ज़िन्दगी जो पहले मैंने गुजारी थी ? कहाँ हैं वे ? बैठ जाओ केटे ! स्वागत है तुम्हारा। साउड, साउड, साउड, साउड।

(सेवक खाना लेकर आते हैं)

कब कहा था मैंने ? प्यारी केटे ! अपने चित्त को प्रसन्न कर लो। मेरे जूते उतारो बदमाश कमीनो ! धूर्त कहीं के ! हाँ, कब ?

Melt horse : वह घोड़ा जो आटा पीसने की चक्की को चलाने के काम में लिया जाता है।
  : मशाल जलाकर उसके धुएँ से टोप को और भी काला किया जाता है जिसका रंग फीका हो जाता था।

था पादरी पुराने मठ का

ज्यों ही चला पंथ पर सहसा—

भाग जाओ बदमाश! तू तो मेरे पैर को ही मोड़ता है। इसका मज़ा यह ले और अब अपनी गलती को ठीक कर ले। केटे! अपना चित्त प्रसन्न कर लो। पानी है कुछ यहाँ? ए, सुनो।

(एक सेवक पानी लेकर आता है।)

मेरा ट्रॉयलस कुत्ता कहाँ है? ए! जाओ यहाँ से और मेरे चचेरे भाई फर्डिनैंड को भेज देना इधर। ऐसा आदमी है केटे! जिसको एक बार तो तुम चूम लोगी और उससे जानकारी हासिल करना चाहोगी। मेरे सलीपर कहाँ हैं? क्या मुझे कुछ पानी मिलेगा? आओ केटे! अपने हाथ-पैर धो लो और चित्त को प्रसन्न कर लो। अपने पूरे हृदय से इस स्थान से प्रेम करो। ए कमीने आवारा की औलाद, बदमाश कहीं के, क्या तू पानी नहीं डालेगा?

बस अब शान्त रहिए। जो कुछ यह कुसूर हुआ वह बिना चाहे ही हुआ है।

पैट्रूशियो : बिलकुल आवारा औरत की औलाद है, लकड़ी तोड़ने के हथौड़े जैसा सिर है, और कानों पर ठाटा चढ़ा हुआ है धूर्त के।

आओ केटे बैठ जाओ, मुझे मालूम है, तुम्हें भूख लग रही है। प्यारी केटे! अब तुम इसके लिए धन्यवाद दोगी या फिर मैं ही दूँ? यह क्या है, गोश्त?

पहला सेवक : जी हाँ!

पैट्रूशियो : कौन लाया था इसे?

पहला सेवक : मैं।

पैट्रूशियो : यह तो जला हुआ है और इसी तरह सभी गोश्त जला हुआ होगा। कैसे कुत्तों से पाला पड़ा है। वह बदमाश बावर्ची कहाँ है? बदमाशो! तुम्हारी इतनी हिम्मत कैसे हुई कि बावर्चीखाने में से लाकर इस तरह वह चीज़ मेरे सामने रख दी जिससे मुझे नफरत है? ले जाओ इन सभी तशतरी और प्यालों को उठाकर, लापरवाह गधे, बदमाश, बदतमीज़, गुलाम कहीं के! क्या तू मेरी तरफ गुर्रा रहा है? अब मैं तुझे सीधा करूँगा।

नहीं, नहीं प्राणनाथ ! इतने क्रुद्ध मत होइए। अगर आपकी तबियत ठीक होती तो गोश्त तो अच्छा था।

पैटूशियो : मैं कहता हूँ केटे ! वह पूरी तरह जला हुआ और सूखा था और ऐसे गोश्त को तो छूने तक के लिए डॉक्टर ने मुझसे मना कर दिया था क्योंकि इससे मेरे अन्दर आवेश एकदम बढ़ जाता है और फिर बड़ा गुस्सा आने लगता है इसलिए अब तो अच्छ यही है कि हम दोनों ही उपवास करें क्योंकि वैसे भी हम दोनों का मिज़ाज गरम है, फिर इस जले हुए गोश्त के खाने से तो पता नहीं क्या हो। अब धैर्य रखो, कल यह गलती ठीक कर ली जाएगी, इस रात को हम दोनों साथ रखने के लिए ही उपवास करें। आओ, मैं तुम्हें कमरे में ले चलता हूँ।

(प्रस्थान)

(कई सेवकों का प्रवेश)

नैथनियल : पीटर ! क्या तुमने कभी ऐसा देखा ?

वह उसी की चाल से उस औरत को मारता है।

(कर्टिस का प्रवेश)

कहाँ है वह ?

अपनी पत्नी के कमरे में है और उसको कामनिरोध की शिक्षा दे रहा है, और उस पर बुरी तरह से बिगड़ रहा है, पुकार-पुकारकर उसे डाँट रहा है जिससे वह बेचारी औरत ऐसी परेशानी में पड़ गई है कि न तो उसे यह सुध है कि कहाँ बैठूँ, क्या देखूँ, क्या बोलूँ, बिलकुल उसकी हालत तो वैसी ही हो गई है जैसे किसी ऐसे मनुष्य की होती है जो स्वप्न में से सहसा उठकर आता है। अरे दूर चले जाओ, भागो, देखो वह इधर ही आ रहा है।

(प्रस्थान)

(पैटूशियो का प्रवेश)

पैटूशियो : इस तरह नम्रता से मैंने अपना शासन जमाया है और मुझे आशा है कि मेरी योजना सफल हो जाएगी। मेरी बाज़ बहुत भूखी है इस समय, और जब तक वह झुके नहीं तब तक उसको भर पेट खाने को

नहीं देना चाहिए क्योंकि तब तो वह अपने शिकार की तरफ देखेगी ही नहीं। एक दूसरा रास्ता और है, मैं अभी अपने नौकर को भेजकर उसको बुलवा लेता हूँ और फिर उसको रात-भर जागता हुआ रखूँगा, जैसे हम इन चीलों को रखते हैं तो अपने पंख फड़फड़ाती हैं, उनको मारती हैं, और हमारी मर्ज़ी के मुताबिक नहीं करतीं। वह आज गोश्त नहीं खाएगी और न और कोई खाएगा। पिछली रात वह सो नहीं पाई थी तो आज रात को भी वह नहीं सोएगी जैसे गोश्त के साथ मैंने खराबी निकाल दी है वैसे ही बिस्तरे के साथ भी कोई न कोई निकालूँगा और इधर तो मैं तकिए को फेंकूँगा और उधर गद्दे को। फिर चादरों को और गिलाफों को और इस हल्ले-गुल्ले के बीच मेरा इरादा है कि यह सब कुछ करने में दिखे यही कि यह उसी की खातिर किया जा रहा है और परिणाम यह हो कि पूरी रात वह जागती रहेगी। अगर उसकी पलकें झपकने लगीं तो मैं ज़ोर से पुकारने और बड़बड़ाने लगूँगा और उसी शोरगुल से वह नहीं सो पाएगी। यह तरीका है औरत को अपनी अच्छाई की ज़्यादती से मारने का और इसी से मैं उसकी कुटिलता और कर्कशता को मिटा दूँगा। अब वह आदमी बोले जो एक कुलटा और कर्कशा को और भी अच्छे तरीके से काबू में कर सकता है, बड़ी मेहरबानी होगी।

(प्रस्थान)

दृश्य 2

(ट्रेनियो तथा हौर्टेंशियो का प्रवेश)

मित्र लीसियो! क्या यह सम्भव है कि बियांका ल्यूसैंशियो को छोड़कर किसी दूसरे की ओर आकर्षित है। मैं कहता हूँ श्रीमान्! वह मुझको भी झूठे वायदे करके धोखे में रखती है।

हौर्टेंशियो : श्रीमान्! जो कुछ मैंने कहा है उस पर विश्वास दिलाने के लिए मैं कहता हूँ, ज़रा यहाँ खड़े हो जाइए और उसके पढ़ाने का ढंग देखिए।

(बियांका और ल्यूसैंशियो का प्रवेश)

ल्यूसैंशियो : अच्छा श्रीमती! क्या जो कुछ भी आपने पढ़ा है, उससे आपको फायदा हुआ है ?

बियांका : श्रीमान्! पहले तो आप मुझे यह निश्चित रूप से बताइए कि आप क्या पढ़ते हैं ?

ल्यूसैंशियो : मैं 'प्रेम करने की कला'[1] पढ़ता हूँ और तुम्हें पढ़ाता हूँ।

बियांका : श्रीमान्! अपनी कला में आप पारंगत सिद्ध हों। अपनी कला के अधिकारी।

ल्यूसैंशियो : और तुम प्रिये! मेरे हृदय की स्वामिनी बन जाओ।

हौर्टेंशियो : तेजी के साथ आगे बढ़नेवाले ही शादी कर लेते हैं, अब आप बताइए। आप ही तो बड़ी सौगन्ध खाया करते थे कि आपकी प्रिया बियांका ल्यूसैंशियो को छोड़कर दुनिया में किसी और से प्रेम करती ही नहीं है।

(प्रस्थान)

ओह घृणित और झूठे प्रेम! ओ अस्थिर चित्तवाली स्त्री जाति! लीसियो! मैं आपसे कहता हूँ, यह बड़ा ही आश्चर्यजनक है।

हौर्टेंशियो : बस, अब आप अपनी भूल को सुधार लीजिए। मैं लीसियो नहीं हूँ और जैसा दिख रहा हूँ वैसा संगीतज्ञ भी नहीं हूँ। मैं तो वह हूँ जो अब एक ऐसे प्राणी के लिए जो एक अच्छे आदमी को छोड़कर एक ऐसे नीचे दर्जे के बदमाश को देवता समझे हुए है, अपने इस बदले हुए वेश में रहने से नफरत करता हूँ।

आपको बताता हूँ श्रीमान्, मेरा नाम हौर्टेंशियो है।

श्रीमान् हौर्टेंशियो! मैं प्राय: बियांका के प्रति आपके हार्दिक प्रेम की बात सुनता आया हूँ और अब चूँकि मेरी आँखों ने उसकी चरित्र-हीनता को देखा है, तो मैं आपके साथ हूँ, अगर आपका यही विचार हो चुका है तो अब इस बियांका और उसके सारे प्रेम का सदा के लिए परित्याग कर देना चाहिए।

हौर्टेंशियो : देखिए, वे किस तरह एक दूसरे से प्यार कर रहे हैं श्रीमान् ल्यूसैंशियो! यह तो मेरा हाथ है और इसे उठाकर मैं प्रतिज्ञा करता

: ओबिड की एक पुस्तक।

हूँ कि अब कभी भी उससे प्यार नहीं करूँगा और उसको, उस सारे प्रेम के जो मैंने अभी तक उसके प्रति दिखाया है, सर्वथा अयोग्य समझकर सदा के लिए छोड़ दूँगा।

और मैं भी सच्ची सौगन्ध खाकर कहता हूँ कि चाहे वह कितनी भी प्रार्थना करे, मैं उसके साथ कभी भी शादी नहीं करूँगा। अरे, शैतान खाए उसे, देखो तो कैसे आवेश में आकर वह उससे प्यार कर रही है।

हौर्टेंशियो : काश उसको छोड़कर सारी दुनिया मेरे लिए इसी तरह उसको छोड़ने की प्रतिज्ञा कर ले जिससे मैं अपनी प्रतिज्ञा का निश्चयपूर्वक पालन कर सकूँ। तीन दिन बीतने से पहले मेरी शादी एक मालदार विधवा से हो जाएगी जो मुझे बहुत समय से चाहती थी और इतना ही जितना मैंने इस घृणित सिरचढ़ी बदसूरत औरत को चाहा था। अच्छा, विदा श्रीमान् ल्यूसैंशियो। स्त्रियों का सुन्दर रूप अब मेरे प्रेम को नहीं जीत पाएगा बल्कि उनकी कोमलता और सहृदयता के प्रति ही मैं आकर्षित हो पाऊँगा, अच्छा अब आज्ञा दो! जो भी प्रतिज्ञा मैंने की है, उसका दृढ़ता से पालन करूँगा।

(प्रस्थान)

श्रीमती बियांका! एक प्रेमी की प्रिया में जो सौन्दर्य होता है, भगवान् तुम्हें वही दे। प्रिये! मैं पीछे से तुम्हारे पास आ गया हूँ और हौर्टेंशियो के सामने मैंने तुम्हें छोड़ने की प्रतिज्ञा कर ली है।

बियांका : तुम हँसी करते हो ट्रेनियो! लेकिन क्या तुम दोनों ने ही मुझे छोड़ दिया है?

हाँ, हम दोनों ने ही यही सौगन्ध खा ली है।

ल्यूसैंशियो : तब तो हम उस लीसियो से छुट्टी पा गए।

लेकिन सच मानिए, वह एक बड़ी अच्छी विधवा से शादी करने जा रहा है और वह शादी अभी एक दिन में हो ही जाएगी।

बियांका : परमात्मा उसको सुखी रखे।

हाँ, और वह उसको अपनी पालतू बना लेगा।

बियांका : वह ऐसा ही कहता है ट्रेनियो।

सच, वह उस स्कूल में गया है जहाँ औरतों को पालतू बनाना

सिखाया जाता है।

बियांका : कैसा स्कूल ? क्या ऐसी भी कोई जगह है ?

हाँ श्रीमती ! पैटूशियो वहाँ अध्यापक है, जो कितनी ही ऐसी तरकीबें सिखाता है जिनसे एक कुटिला और कर्कशा स्त्री को भी वश में किया जा सकता है और साथ ही उसकी बड़बड़ाती जीभ पर जादू करना भी वह सिखाता है।

(बॉइंडैलो का प्रवेश)

बॉइंडैलो : स्वामी ! स्वामी ! मैंने इतनी देर तक देखा कि मैं तो थक कर चूर हो गया लेकिन आखिरकार मुझे एक प्राचीन देवदूत पहाड़ी के नीचे आता दिखाई दिया, वह हमारा काम बना देगा।

वह क्या है बॉइंडैलो ?

बॉइंडैलो : एक व्यापारी है स्वामी ! या कोई ढोंगी पण्डित है। पता नहीं क्या है, लेकिन ठीक तरह के कपड़े पहने हुए है और शक्ल सूरत और वेशभूषा से बिलकुल एक बाप जैसा ही लगता है।

ल्यूसैंशियो : लेकिन ट्रेनियो ! उससे कैसे काम लिया जाए ?

अगर वह शीघ्रता से बात पर विश्वास करनेवाला हुआ तो वह मेरी बात पर विश्वास कर लेगा। मैं उसको सहर्ष विन्सैंशियो बनने के लिए तैयार कर लूँगा और उससे बैप्टिस्टा मिनोला को पूरा आश्वासन दिलवा दूँगा। बस, मेरे प्रति अपना प्रेम बनाए रखिए और अब मुझे अकेला छोड़ दीजिए।

(एक ढोंगी ज्ञानी का प्रवेश)

परमात्मा आपकी रक्षा करे श्रीमान् !

आपको भी परमात्मा सुखी रखे श्रीमान् ! स्वागत है आपका। आपको अभी और दूर तक यात्रा करनी है या अपनी यात्रा के छोर पर आप आ पहुँचे हैं ?

एक या दो हफ्ते के लिए तो श्रीमान् अब अपनी यात्रा के छोर पर ही हूँ लेकिन फिर इसके बाद आगे जाने का इरादा है। रोम तक जाऊँगा। फिर इसी तरह अगर भगवान् ने ज़िन्दगी दी तो आगे ट्रिपोली तक जाऊँगा।

किस देश के वासी हैं आप?

मैंटुआ का।

मैंटुआ के हैं श्रीमान्! और भगवान् बचाए अपने जीवन की तनिक भी चिन्ता न करते हुए पैंडुआ आए हैं।

मेरा जीवन श्रीमान्? इसके लिए मैं कैसे भगवान् से प्रार्थना करूँ? क्योंकि बड़ी कठिनाई का जीवन है मेरा।

मैंटुआ के किसी आदमी का पैंडुआ में आना उसकी मृत्यु को उसके साथ लाना है, क्या आप इसका कारण नहीं जानते? आपके जहाज वेनिस में ठहराए जाते हैं। हमारे और आपके ड्यूकों के बीच कोई आपसी झगड़ा हो गया था, उसी कारण हमारे ड्यूक ने खुले रूप से यह आज्ञा प्रसारित करवा दी है। बड़े आश्चर्य की बात है! आप नए-नए ही यहाँ आए हैं, नहीं तो आप स्वयं ही इसकी घोषणा को सुन लेते।

हाय! यह तो मेरे लिए और भी बुरा है क्योंकि मैं फ्लोरेंस से कुछ रक़म के बिल लाया हूँ जिन्हें मुझे यहाँ देना है।

तो श्रीमान्! वैसे शराफ़त के नाते इतना तो मैं आपके लिए कर सकता हूँ और यह मैं आपको सलाह दूँगा। पहले तो आप मुझे यह बताइए कि क्या आप कभी पीसा गए हैं?

जी हाँ, पीसा तो मैं प्रायः जाता रहता हूँ। वही पीसा जिसमें गम्भीर प्रवृत्ति के लोग रहते हैं।

उनमें से क्या आप एक विन्सैंशियो नाम के व्यक्ति को जानते हैं?

मैं उन्हें जानता तो नहीं लेकिन उनका नाम ज़रूर सुना है मैंने। बहुत धनी व्यापारी हैं।

वे मेरे पिता हैं और सच कहता हूँ श्रीमान्! उनकी शक्ल से आपकी शक्ल बहुत कुछ मिलती-जुलती है।

बॉइंडैलो : जैसे कि एक सेव से एक ऑयस्टर मछली की शक्ल मिलती-जुलती है।

इस आपत्ति से मैं आपकी जान बचाऊँगा, इतना काम मैं उनकी खातिर आपके लिए कर सकता हूँ और आप इसको अपना दुर्भाग्य मत मानिए कि आप श्रीमान् विन्सैंशियो से मिलते-जुलते हैं। उनका नाम और स्थान आपको अपना नाम और स्थान छिपाकर ग्रहण करना

होगा और मेरे घर पर आपके ठहरने का प्रबन्ध होगा। यह ध्यान रखना कि इसका पूरी तरह अभिनय-सा आपको करना पड़ेगा, समझ गए आप श्रीमान्? इस तरह ही जब तक आपका काम इस शहर में पूरा न हो जाए, आप ठहरिए। शराफ़त के नाते मैंने आपके सामने यह प्रस्ताव रखा है, यदि आप चाहें तो स्वीकार कर लीजिए।

ओह श्रीमान्! अवश्य। मैं तो इसके लिए सदा आपको अपने जीवन का संरक्षक समझूँगा।

अच्छा तो फिर इस सारे काम को ठीक करने के लिए मेरे साथ चलिए। यह बात वैसे चलते हुए मैं आपको बताए देता हूँ कि यहाँ हर एक दिन मेरे पिता की प्रतीक्षा की जा रही है क्योंकि बैप्टिस्टा की पुत्री और मेरे बीच जो शादी होने वाली है, उसमें दहेज देने का आश्वासन पिता ही दे सकते हैं। इस परिस्थिति के बीच मैं आपसे कहूँगा कि मेरे साथ चलिए और कपड़े बदलकर अपना दूसरा वेश धारण कर लीजिए।

(प्रस्थान)

दृश्य 3

(कैथरिना और ग्रूमियो का प्रवेश)

नहीं, नहीं, सच मेरी जान चली जाए; लेकिन मैं इतना साहस नहीं कर सकता।

जितनी ज्यादा मेरी परेशानी बढ़ती है उतना ही अधिक उसका उन्माद बढ़ता जाता है। क्या वह मुझे इस तरह भूखा मारने के लिए लाया था? भिखारी भी जब मेरे पिता के दरवाज़े पर आकर विनती करते हैं तो उनको उसी समय भीख मिल जाती है और अगर नहीं तो फिर दूसरी जगह वे पा जाते हैं; लेकिन मैं, जिसने न तो कभी विनती की किसी से और न इसकी कभी आवश्यकता समझी, अब गोश्त के लिए भूखी हूँ। और रात में न सो पाने के कारण सिर में चक्कर आ रहा है। सौगन्ध खा-खाकर मुझे जागते रखा गया और ज़ोर से चिल्ला-चिल्लाकर

आवाज़ों से मेरा पेट भर गया और फिर इनके अलावा सबसे ज्यादा गुस्सा तो मुझे इस बात पर आ रहा है कि वह यह सब कुछ सच्चे प्रेम के नाम पर कर रहा है और कहता है कि अगर मैं सोई या मैंने कुछ खाया तो या तो कोई घातक रोग पकड़ लेगा या फिर फौरन दम निकल जाएगा। मैं जाती हूँ और अपने लिए कुछ खाना लाती हूँ। यह मैं चिन्ता नहीं करती कि क्या हो लेकिन अच्छा खाना होना चाहिए।

बकरे की टाँग के बारे में आपका क्या ख़याल है ?

बहुत अच्छी, सच उसे ही ला दो मुझे।

लेकिन मुझे डर है कि वह बहुत ही गरम गोश्त होता है। एक मोटी भेड़ का गोश्त जो बहुत अच्छे ढंग से पकाया गया हो, उसके बारे में क्या ख़याल है ?

मुझे बहुत पसन्द है। अच्छे ग्रूमियो ! ला दो उसे मुझको।

मैं नहीं कह सकता। मेरे ख़याल से वह गरम होता है। गोश्त और सरसों के बारे में आपका क्या ख़याल है ?

एक तश्तरी ला दो। वह तो मैं खाना बहुत पसन्द करती हूँ।

लेकिन सरसों कुछ ज्यादा गरम होती है।

अच्छा तो गोश्त ही सही, सरसों रहने दो।

न, मैं आपको नहीं दूँगा। आप सरसों ज़रूर लेंगी नहीं तो गोश्त नहीं मिलेगा आपको।

तो फिर दोनों या एक ही, जिस किसी को तुम चाहो।

तो फिर गोश्त नहीं, सिर्फ़ सरसों।

जा चला जा बदमाश, धोखेगाज़, झूठे ! चला जा यहाँ से।

(उसको पीटती है)

तू गोश्त का नाम लेकर ही मेरा पेट भरना चाहता है। तुझ पर और तेरे साथ और सभी के ऊपर मुझे खेद है कि तुम मेरी परेशानी में अपनी जीत समझते हो। चला जा यहाँ से, मैं कहती हूँ।

(पैट्रूशियो और हौर्टेंशियो का गोश्त लिए हुए प्रवेश)

पैट्रूशियो : मेरी केटे कैसी है ? क्या बहुत ज्यादा तकलीफ है ?

हौर्टेंशियो : श्रीमती ! क्या हाल-चाल हैं ?

बहुत खराब हैं, हद है।

पैट्रूशियो : अपने दु:ख को छोड़कर फिर से प्रसन्न हो जाओ केटे! अपने चेहरे पर प्रसन्नता लाओ। प्रिये! देखा, कितना मेहनती हूँ मैं कि खुद ही बनाकर मैं तुम्हारे पास इस गोश्त को लाया हूँ। प्यारी केटे! मुझे पूरा विश्वास है कि इसके लिए तो तुम मुझे अवश्य धन्यवाद दोगी। क्या, एक भी शब्द नहीं? अच्छा तो तुम को यह पसन्द नहीं आया और मेरी सारी मेहनत का कोई नतीजा नहीं निकला। सुनो, यह तश्तरी उठाकर ले जाओ।

नहीं, नहीं, कृपा करके रहने दीजिए यहीं।

पैट्रूशियो : छोटे-से छोटा काम भी किया जाता है उसके लिए भी धन्यवाद मिलता है, इसी तरह तुम्हारे गोश्त के हाथ लगाने से पहले मुझे भी मिलना चाहिए था।

मैं आपको धन्यवाद देती हूँ।

हौर्टेंशियो : श्रीमान् पैट्रूशियो! बुरी बात है, अब तो आप ही दोषी हैं। आइए श्रीमती केटे! मैं आपके साथ रहूँगा।

पैट्रूशियो : हौर्टेंशियो! अगर तुम मुझे चाहते हो तो इस सारे गोश्त को खा जाओ। तुम्हारा हृदय नम्र है इसलिए इतनी भलाई तो करो। केटे तो अलग खाएगी। अच्छा तो अब प्रिये! हम तुम्हारे पिता के घर चलेंगे और इस अवसर को जितनी भी धूमधाम से मनाया जाए मनाओ! रेशमी कोट, टोपी, सोने की अगूँठियाँ, गुलूबन्द, दस्ताने और कपड़े को फैलानेवाली कोई चीज़ और स्कार्फ, पंखे आदि से सम्पन्न दूनी बहादुरी से। फिर ऐम्बर के कंगन, माला और यह सभी तरह की धूर्त्तता। अरे क्या तुमने खाना खा लिया है? दर्जी अपने चमकीले कपड़ों से तुम्हारे शरीर को सजाने के लिए तुम्हारा इन्तज़ार कर रहा है।

(दर्ज़ी का प्रवेश)

आओ दर्ज़ी! हमें इन जेवरों को देखने दो।

(बिसाती का प्रवेश)

गाउन को सामने देखो। कहो, क्या समाचार है?

बिसाती : यह टोपी है जिसके लिए आपने कहा था।

पैट्रूशियो : यह तो किसी 'बेसिन' पर रखकर मोड़ी गई है, तभी मखमली तश्तरी बन गई। हटाओ दूर इसे, बुरी और भद्दी है यह गन्दी। यह कोकिल नाम का जीव है या वालनर पेड़ का कोई खोखा है या कोई खिलौना, या चालाकी का खेल या बच्चे की टोपी। ले जाओ इसको। मुझे तो इससे बड़ी दो।

मुझे इससे बड़ी नहीं चाहिए। आजकल के फ़ैशन में यही ठीक है और सभी शरीफ़ औरतें इसी तरह की टोपी पहनती हैं।

पैट्रूशियो : जब तुम शरीफ़ हो जाओगी तो तुम भी एक इसी तरह की टोपी पहन लोगी लेकिन उससे पहले नहीं।

हौर्टेंशियो : वह जल्दी नहीं हो सकता।

श्रीमान्! मुझे विश्वास है, आप कुछ बोलने की अनुमति देंगे और बोलूँगी मैं अवश्य। मैं कोई दूध पीती बच्ची नहीं हूँ। आपसे अच्छे आदमियों ने मुझे अपनी बात करने की पूरी आज़ादी दी है फिर अगर आप नहीं सुन सकते मेरी बात तो अपने कान बन्द कर लीजिए। मैं अपने मुँह से अपने हृदय का क्रोध अवश्य उगलूँगी, नहीं तो यदि यह सब कुछ अन्दर दबा रहा तो मेरा हृदय फट जाएगा। इसके बजाय तो जो मैं चाहूँगी खुलकर बोलूँगी।

पैट्रूशियो : तुम ठीक कहती हो। यह बहुत ही बुरी टोपी है, बिलकुल बेहूदी चीज़, किसी काम की नहीं। तुमको यह पसन्द नहीं आई, इसने तुम्हारे प्रति मेरे प्रेम को बढ़ा दिया है।

तुम मुझसे प्रेम करो या न करो लेकिन टोपी मुझे पसन्द है। और इसे मैं ज़रूर लूँगी। नहीं तो मैं किसी और को कभी नहीं लूँगी।

(बिसाती का प्रस्थान)

पैट्रूशियो : अरे हाँ, तुम्हारा गाउन लाना। यहाँ आओ दर्ज़ी, देखो तो इसे। भगवान् रहम करे, यह क्या फैन्सी ड्रैस शो का कपड़ा बना डाला है। यह क्या है? एक बाँह? यह तो एक बड़ी भारी तोप के बराबर है। क्या, ऊपर और नीचे इस तरह कटी हुई जैसे किसी सेब को काटा जाता है? यहाँ से कटा हुआ है फिर दोनों हिस्सों को मिलाकर रख दिया गया है। यह कटनी-छँटनी तो बिलकुल नाई की दुकान में होती

है वैसी है। बताओ दर्जी! यह क्या चीज बनाई है तुमने ?

हौरेंशियो : वह न तो इस टोपी को पसन्द करती है और न इस गाउन को।

लेकिन आपने ही तो श्रीमान्! कहा था कि मैं इसको वक्त और फैशन के मुताबिक़ बनाऊँ।

पैट्रूशियो : हाँ, हाँ, यही कहा था मैंने, लेकिन अगर तुम्हें याद हो तो मैंने तुमसे यह नहीं कहा था कि वक्त को देखकर तुम इसको बिगाड़ कर ले आओ। जाओ।

मैं इसे नहीं लूँगा। जाओ, अच्छे से अच्छा बनाकर लाओ इसे।

मैंने तो इससे अच्छा, खूबसूरत और हर तरफ से तारीफ के काबिल ऐसा कोई दूसरा गाउन देखा नहीं। मुझे लगता है तुम मुझे एक कठपुतली बनाना चाहते हो।

पैट्रूशियो : बिलकुल ठीक, वह तुम्हें एक कठपुतली बनाना चाहता है।

उनका कहना है कि आप उनको एक कठपुतली बनाना चाहते हैं।

पैट्रूशियो : ओ इतनी धृष्टता! झूठ बोलता है तू! तू तागे, उँगली के ढकने, गज, तीन चैथाई, आधा गज, चैथाई गज़, नाखून! तू कलीले, छोटे अण्डे, घास पर रहने वाले कीड़े! तूने एक तागे की गिट्टक के बल पर मेरे अपने घर में इतनी धृष्टता दिखाने का साहस किया है ? भाग जा कमीने, नीच, नहीं तो मैं तुझे तेरे ही मीटर से ऐसा ठीक कर दूँगा कि तू जिन्दगी-भर अपनी इस बेकार बेमतलब की बातें करने की आदत पर सोचेगा। मैं कहता हूँ, मैं कि तूने उसके गाउन को बिगाड़कर रख दिया है।

श्रीमान्, आप भ्रम में हैं। गाउन तो ठीक वैसा बना है जैसा आपने बनाने को कहा था। ग्रूमियो ने मुझे पहले ही बता दिया था कि यह ऐसा बनना चाहिए और फिर इसके बनाने का हुक्म दिया था।

मैंने उसको कोई हुक्म नहीं दिया था। मैंने तो सामान दिया था।

लेकिन यह किस तरह बने, इसके बारे में आपकी क्या इच्छा थी।

सुई और तागे से बने, यही तो।

क्या आपने इसको काटने के लिए नहीं कहा था ?

लेकिन तुमने तो पूरी तरह सामना किया[1] है।

जी हाँ।

मेरा सामना मत करना। बहुतों का सामना किया होगा लेकिन मेरा मत करना। मैं तुमसे कहे देता हूँ कि तू इस तरह मेरा सामना करके मेरा अपमान नहीं कर पाएगा। मैंने तेरे मालिक से गाउन काटने के लिए ज़रूर कहा था लेकिन इसको टुकड़े-टुकड़े करने के लिए नहीं कहा था। तू बिलकुल झूठा है।

अच्छा तो इसकी सचाई जाँचने के लिए यह पढ़िए जिस फैशन के बारे में ये कह आए थे, वह सब लिखा है इस कागज़ में।

पैट्रूशियो : पढ़ो इसको।

इस कागज़ की तो यह झूठ बोलता है। अगर इसने यह कहा है कि मैंने ऐसा कहा था।

पहली बात तो यह है कि एक ढीला गाउन होना चाहिए।

स्वामी! अगर ढीले गाउन के लिए कभी कहा हो तो मुझे उसके छोरों में सी दीजिए और मटमैले तागे की गेंद से मुझे तब तक मारिए जब तक मैं जान से न मर जाऊँ। मैंने गाउन के लिए कहा था।

पैट्रूशियो : आगे कहो।

ऊपर वाली पट्टी जो कँधे पर आती है, वह छोटी।

हाँ, इसको मानता हूँ।

लम्बी और चौड़ी बाँहें।

मैंने तो सिर्फ़ दो बाँहों के लिए कहा था।

काफ़ी लम्बी-चौड़ी कटी हुई बाँहें।

पैट्रूशियो : बस यही तो बदमाशी है।

मेरे ऊपर झूठे इलज़ाम लगाता है श्रीमान्।

बिलकुल झूठे इलज़ाम। मैंने तो सिर्फ़ इससे यही कहा था कि बाँहों

Faced : इस शब्द के दो अर्थ हैं (1) ऊपर की तरफ़ बहुत सजावट कर डालना। (2) सामना करना। ग्रूमियो इसका प्रयोग दूसरे अर्थ में करता है और दर्जी पहले अर्थ में समझकर 'जी हाँ' कह जाता है, इससे ग्रूमियो नाराज़ होकर आगे की बात कहने लग जाता है।

को काटकर सी देना और वह मैं साबित करूँगा चाहे तूने अपनी छिंगली में सिलाई की एक टोपी लगा रखी है।

जो भी मैं कह रहा हूँ, वह सब सच है। मैं तुम्हें ऐसी जगह ले चलता हूँ जहाँ तुम उसकी सचाई जान जाओगे।

मैं सीधा तेरे साथ चल सकता हूँ। उठा अपने बिल को और मुझे अपना यह नापने का गज़ दे और फिर जो कुछ करना हो कर।

हौर्टेंशियो : परमात्मा भला करे ग्रूमियो! फिर यह तुम्हारे खिलाफ एक लफ़्ज़ भी नहीं बोलेगा।

पैट्रूशियो : थोड़े में बात यह है कि यह गाउन मेरे लिए नहीं है।

बिलकुल ठीक कहते हैं श्रीमान् आप। यह तो स्वामिनी के लिए बना है।

पैट्रूशियो : ले जाओ इसे, तुम्हारा मालिक इसको अपने काम में ले लेगा।

बदमाश! मेरी स्वामिनी के इस गाउन को अपने स्वामी के पास ले जा। वह इसको अपने काम में ले लेगा।

पैट्रूशियो : लेकिन इसमें तुम्हारी क्या अक्लमन्दी रही!

ग्रूमियो : श्रीमान्! आप जितना सोचते हैं, उससे कहीं गहरी अक्लमन्दी है—मेरी स्वामिनी का गाउन ले जाकर अपने स्वामी को दे देना। वह इसको अपने काम में ले लेगा। ओ! लानत है। लानत है।

पैट्रूशियो : हौर्टेंशियो! इस दर्ज़ी को इसका पूरा भुगतान कर देना। बस इतना ही करना—लो, इसे लेकर चलते बनो। बस एक ही लफ़्ज़ मुँह से नहीं निकलना चाहिए।

हौर्टेंशियो : दर्ज़ी! मैं कल तुम्हें तुम्हारे गाउन की कीमत दूँगा। उनकी इन आवेशपूर्ण बातों का बुरा न मानना। बस चले जाओ और अपने मालिक से मेरी तारीफ़ करना।

(दर्ज़ी का प्रस्थान)

पैट्रूशियो : मेरी केटे! आओ, हम तुम्हारे पिता के घर अपने इन्हीं ख़राब कपड़ों को पहनकर चलें। हमारे कपड़े खराब होंगे तो क्या हमारे बटुए तो रक़म से भरे हुए हैं क्योंकि तुम तो जानती हो, दिमाग़ ही तो होता है जो शरीर को सुन्दर बनाता है। जिस तरह घिरे हुए काले बादलों

के बीच सूर्य निकलकर अपना गौरव बिखेरता है इसी प्रकार मैली-कुचैली पोशाक के भीतर भी गौरव और सम्मान पलता है। चमकीले परोंवाली 'जे' चिड़िया क्या पपीहे से अधिक कीमती और अच्छी होती है क्योंकि उसके पर खूबसूरत होते हैं ? फिर क्या एक साँप एक ईल मछली से अच्छा होता है क्योंकि उसकी रंगीन चमकीली खाल आँखों को अच्छी लगती है ?

नहीं मेरी अच्छी केटे! इस मैली-कुचैली पोशाक से तुम भी किसी तरह बुरी नहीं लगती हो। अगर तुम्हें इसमें शरम आती है तो इस सारी शरम को मेरे सिर पर डाल दो इसलिए अब खुश हो जाओ। अब हम यहाँ से तुम्हारे पिता के घर दावत खाने और मज़े उड़ाने चलेंगे। जाओ मेरे आदमियों को बुला लो और सीधे ही हम वहाँ के लिए रवाना हो जाएँगे। घोड़ों को भी 'लौंग लेन' (लम्बी गली) के छोर पर ले आना। वहीं से हम घोड़ों पर सवार होंगे। वहाँ तक हम पैदल चलेंगे। देखना मेरे ख़याल से तो अब करीब सात बज गए होंगे और खाने के वक्त[1] तक तो हम वहाँ पहुँच ही जाएँगे।

लेकिन श्रीमान्! अब तो करीब दो बजे हैं, मैं सच कहती हूँ खाने का वक्त तो हमारे वहाँ पहुँचने से पहले ही हो जाएगा।

पैटूशियो : घोड़े तक पहुँचने से पहले सात बज जाएँगे। अब देख लो, जो कुछ मैं बोलता हूँ या करता हूँ, या करने की सोचता हूँ, तुम फिर भी मुझे बीच में टोककर सवाल करने लग जाती हो।

श्रीमान्! रहने दो। मैं आज नहीं जाऊँगा और जाऊँगा तब जब उससे पहले वही बज चुकेगा जो मैंने कहा है।

हौर्टेंशियो : तो फिर यह शूरवीर तो सूरज पर भी अपनी हुकूमत चलाने लगा।

(प्रस्थान)

Dinner time : करीब दिन के ग्यारह बजे।

दृश्य 4

(ट्रेनियो के साथ विन्सैंशियो की वेशभूषा बनाए ज्ञानी का प्रवेश)

श्रीमान्! यही घर है। अब जैसा मैं कहूँ वैसे ही बने रहिए।

और क्या, नहीं तो फिर मैं परेशानी में नहीं पड़ जाऊँगा। शायद बैप्टिस्टा को मेरी उस वक्त की याद आ जाए जब बीस साल पहले हम जेनोआ में साथ-साथ ही पैगेसस में रहते थे।

यह ठीक है और यह ध्यान रखना कि जिस प्रकार एक पिता को गम्भीर रहना चाहिए उसी प्रकार आप भी हर तरफ अपनी गम्भीरता बनाए रखिए।

(बॉइंडैलो का प्रवेश)

मैं आपको इसका विश्वास दिलाता हूँ लेकिन अरे यह तो आपका सेवक आ रहा है। अच्छा होता, अगर यह पढ़ा-लिखा होता।

आप इसके लिए मत डरिए। बॉइंडैलो! मैं कहता हूँ, अब अच्छी तरह अपना काम करो। इनको पूरी तरह से विन्सैंशियो समझ लो।

बॉइंडैलो : हाँ, हाँ, मेरी तरफ से मत डरिए।

लेकिन क्या तुमने बैप्टिस्टा के पास इसकी सूचना पहुँचा दी है?

बॉइंडैलो : मैंने उनसे कह दिया था कि आपके पिता वेनिस में हैं और आज आप उनके पैंडुआ आने का इन्तज़ार कर रहे हैं।

तुम तो बड़े अच्छे बहादुर आदमी हो। लो यह पियो। बैप्टिस्टा आ रहे हैं। अपने आपको तैयार कर लीजिए श्रीमान्।

(बैप्टिस्टा और ल्यूसैंशियो का प्रवेश। ज्ञानी के पैरों में जूते हैं और सिर खुला हुआ है)

श्रीमान् बैप्टिस्टा! आप अच्छे मिल गए। ये हैं जिनके बारे में मैंने आपसे कहा था। पिता! कृपा करके अब मेरी बात का समर्थन कर दीजिए और जो मेरा पैतृक अधिकार है, आश्वासन देकर आप मुझे मेरी बियांका को दे दीजिए।

बस बेटा! श्रीमान्! मैं पैंडुआ में कुछ अपने ऋणों को चुकाने के लिए आया था, तभी मेरे पुत्र ल्यूसैंशियो ने मुझे बताया कि वह आपकी

पुत्री से प्रेम करता है। इस सम्बन्ध में जो भी आपका विचार मुझे ज्ञात हुआ है और जो प्रेम मेरे पुत्र के हृदय में आपकी पुत्री के लिए है, उसके लिए मैं नहीं चाहता कि मेरे पुत्र को अधिक दिनों तक अपनी इच्छा-पूर्ति के लिए प्रतीक्षा करनी पड़े। इसलिए मैं पिता के नाते आपको आश्वासन दिलाता हूँ कि इस सम्बन्ध में मुझे प्रसन्नता है और अगर आप चाहें तो मैं किसी लिखित समझौते के लिए भी तैयार हूँ जिसमें मैं लिखित रूप से आपको आपकी पुत्री से मेरे पुत्र के विवाह के विषय में आश्वासन दिला दूँगा। लेकिन ऐसा मैं चाहता नहीं क्यों श्रीमान्! मैंने आपके बारे में बहुत अच्छी तरह सुना है फिर मैं लिखना-पढ़ना आपके साथ नहीं करना चाहता।

बैप्टिस्टा : श्रीमान्! जो कुछ मैं कहूँ, उसके लिए मुझे क्षमा करिए। आपकी सचाई और सफ़ाई देखकर मुझे बड़ी प्रसन्नता हुई है। यह सच है कि आपके पुत्र ल्यूसैंशियो मेरी पुत्री से प्रेम करते हैं। या मेरी पुत्री इनसे प्रेम करती है या दोनों अपनी भावनाओं और हृदय को धोखा देते हैं, इसीलिए अगर आप इतना ही कह दें कि आप इस विवाह के अवसर पर मेरी पुत्री को अच्छा दहेज देंगे तो श्रीमान् विवाह पक्का हो गया और सारी चीज़ें पक्की हो गईं। मैं सहर्ष अपनी पुत्री का विवाह आपके पुत्र के साथ कर

मैं आपको धन्यवाद देता हूँ श्रीमान्! लेकिन यह बताइए कि यह समझौता लिखित रूप में कहाँ होगा और कहाँ हमारे विवाह की बात पक्की होगी ?

बैप्टिस्टा : मेरे घर में तो नहीं ल्यूसैंशियो। क्योंकि तुम जानते हो, घड़ों के भी कान होते हैं और फिर उस बुड्ढे ग्रेमियो के अलावा जो भी सुन रहा है। यहाँ और भी बहुत से नौकर हैं, इससे अवश्य हमारे काम में बाधा आ सकती है।

तो फिर आपको पसन्द हो तो मेरे घर पर रखिए। वहीं मेरे पिता ठहरे हुए हैं और आज रात में ही हम चुपचाप सारा काम कर लेंगे। अपना कोई नौकर भेजकर अपनी पुत्री को यहाँ बुला लीजिए। मेरा नौकर जाकर अर्ज़ीनवीस को बुला लाएगा अभी। सबसे बुरी बात तो

यह है कि इतना कम समय मेरे पास बचा है कि घर पर आपके लिए बहुत अच्छी तरह की दावत की तैयारी नहीं हो सकेगी।

बैप्टिस्टा : नहीं, नहीं, ठीक है।

केम्बियो! जल्दी से घर जाकर बियांका को यहाँ ले आओ और अगर तुम कुछ कहो तो यही कहना कि ल्यूसैंशियो के पिता पैंडुआ आ पहुँचे हैं। अब तो वह ल्यूसैंशियो की पत्नी बन जाएगी।

ल्यूसैंशियो : मैं देवताओं से इसकी अपने पूरे दिल से प्रार्थना करता हूँ।

(प्रस्थान)

बस अब देवताओं से प्रार्थना करते हुए ही मत अटके रहो, जाओ यहाँ से।

श्रीमान् बैप्टिस्टा! मैं आगे-आगे रास्ता बताता चलूँगा। एक तश्तरी तो आपको बहुत ही पसन्द आएगी। आइए, पीसा में और भी अच्छी मिलेगी।

बैप्टिस्टा : मैं आपके पीछे-पीछे चलता हूँ।

(ट्रेनियो, ज्ञानी तथा बैप्टिस्टा का प्रस्थान)

बॉइंडैलो : केम्बियो।

ल्यूसैंशियो : क्या कहते हो तुम बॉइंडैलो ?

बॉइंडैलो : क्या तुमने मेरे स्वामी का आँख मिचकाना और तुम्हारे ऊपर हँसना देखा ?

ल्यूसैंशियो : लेकिन बॉइंडैलो! उससे क्या ?

बॉइंडैलो : कुछ भी नहीं लेकिन वे मुझे यहाँ पीछे इसीलिए छोड़ गए हैं कि मैं उनके इन इशारों का मतलब निकालूँ।

ल्यूसैंशियो : हाँ, हाँ बताओ।

बॉइंडैलो : अच्छ तो सुनो—बैप्टिस्टा तो झूठे बेटे के झूठे बाप से बातें करने में लगा हुआ है, इसलिए, उससे तो कोई खतरा नहीं है।

ल्यूसैंशियो : उससे क्या ?

बॉइंडैलो : उसकी पुत्री को तो खाने के लिए तुम ही बुलाकर लाओगे।

ल्यूसैंशियो : तब।

बॉइंडैलो : सेन्ट लेक चर्च पर वह बुड्ढा पादरी हर वक्त तुम्हारे हुक्म के

नीचे है ही।

ल्यूसैंशियो : तो फिर इस सबसे क्या बनेगा?

बॉइंडैलो : इसके अलावा मैं कुछ नहीं कह सकता कि जब तक वे उस समझौते के मामले में लगे हुए हैं उस बीच तुम अपने प्रति उसका आश्वासन ले लो। क्या? यही कि उस पर एकमात्र तुम्हारा ही अधिकार होगा। पादरी को गिरजाघर ले जाना और उसके साथ कुछ सच्चे गवाह और क्लर्क को ले जाना। अगर जो तुम चाहते हो, वह यह बात नहीं है तो फिर मुझे तुमसे कुछ नहीं कहना। सिर्फ़ इतना ही कहूँगा कि फिर बियांका से सदा के लिए विदा माँग लेना।

ल्यूसैंशियो : सुनो बॉइंडैलो!

बॉइंडैलो : मैं नहीं ठहर सकता। मैं एक ऐसी औरत को जानता हूँ जिसने दोपहर के बाद उस वक्त शादी की जब वह बाग में खरगोश को खिलाने के लिए हरी घास लेने गई थी। इसी तरह तुम कर सकते हो। बस विदा मेरे स्वामी! मेरे दूसरे स्वामी ने मुझे सेन्ट लेक से पादरी को लाने के लिए भेजा है और तुम अपने साथ वह लाओ जिसकी तुमको आज्ञा मिली है।

(प्रस्थान)

ल्यूसैंशियो : अगर वह इस तरह मान गई तो मैं अवश्य ऐसा ही करूँगा। अगर वह इसको पसन्द करेगी तो फिर शंका किस बात की है। होना है वह हो, मैं बिना रोकटोक के सीधे उसके पास जाऊँगा! अगर केम्बियो उसके बिना गया तो अच्छा नहीं होगा।

(प्रस्थान)

दृश्य 5

(पैट्रूशियो, केटे तथा हौर्टेंशियो का प्रवेश)

पैट्रूशियो : चलो भगवान् के नाम पर फिर एक बार अपने पिता के घर चलें। अरे वाह! चाँद किस अनुपम सुन्दरता के साथ चमक रहा है। चाँद? सूरज है। इस समय चाँदनी नहीं खिल रही है।

पैट्रूशियो : मैं कहता हूँ, यह चाँद है जो इतनी सुन्दरता के साथ चमक रहा है।
मैं जानती हूँ, यह सूरज है जो इतना तेज़ चमक रहा है।

पैट्रूशियो : अच्छा तो अब मैं अपनी माँ के पुत्र या मेरी अपनी सौगन्ध खाकर
कहता हूँ कि चाँद, तारा और तुम्हारे पिता के यहाँ जाने से पहले जो कुछ
भी मैं कहूँगा वही होगा। जाओ। हमारे घोड़ों को वापिस ले आओ। हमेशा
बीच में टोकना, टोककर सवालात पूछना, फिर टोकना इसके अलावा
और कोई काम ही नहीं।

हौर्टेंशियो : जैसा ये कहें वैसा ही कहो। नहीं तो हम कभी भी नहीं जा पाएँगे।
कृपा करके आगे तो चलिए, देखिए हम कितने आगे आ चुके हैं। ठीक
है, यह चाँद है, या आप कहें तो सूरज है और जो कुछ भी आप कहेंगे वही
है। अगर आप इससे आगे इसे एक मोमबत्ती कहें तो, मैं सौगन्ध खाकर
कहती हूँ, मैं भी इसे वही कहूँगी।

पैट्रूशियो : मैं तो कहता हूँ, यह चाँद है।
मैं जानती हूँ, यह चाँद है।

पैट्रूशियो : अच्छा तो फिर तुम इतना झूठ बोलती हो। देखती नहीं हैं, यह
तो दिव्य सूर्य है।
तो फिर परमात्मा को धन्यवाद है, यह दिव्य सूर्य ही है। लेकिन जब
आप कहेंगे कि यह सूर्य नहीं है तब यह सूर्य नहीं होगा। जैसे ही आपका
दिमाग बदल गया; वैसे ही चाँद बदल गया। आप इसका जो भी नाम
रखेंगे, चाहे वही जो यह है, कैथरिना उसी को मान लेगी।

हौर्टेंशियो : पैट्रूशियो! अब अपने ठीक रास्ते पर चलिए। मैदान जीत लिया।

पैट्रूशियो : अच्छा तो आगे बढ़ो, आगे बढ़ो। इस तरह से गेंद लुढ़कनी
चाहिए, लेकिन दुर्भाग्यवश झुके हुए तख्ते के विपरीत नहीं। अरे चुप
रहना, ये कौन लोग आ रहे हैं यहाँ?

(विन्सैंशियो का प्रवेश)

अहा, श्रीमती! नमस्ते! कहाँ चलीं? प्रिये केटे! तुम्हीं बताओ और
सच-सच बताना कि क्या तुमने कभी इनसे अधिक सुन्दर स्त्री को देखा
है? इनके गालों पर तो रक्तिम और श्वेत आभाओं का मानो संघर्ष

चल रहा है। बताओ तो आकाश में ऐसे कौन-से सुन्दर सितारे खिलते हैं, जैसी इनकी आँखें हैं जो इनकी दिव्य मुख-मुद्रा को शोभायमान करती हैं।

सुन्दरी! एक बार फिर मेरी नमस्ते स्वीकार करिए।

प्रिये केटे! इनकी सुन्दरता के लिए इनको अपने गले से लगा लो।

हौर्टेंशियो : यह तो एक आदमी को औरत बनाकर इस तरह उसे पागल कर डालेगा।

प्रिये, सुन्दरी, मधुर स्वभाव वाली कुमारी कन्या! तुम किधर जा रही हो? कहाँ है तुम्हारा घर? सच, ऐसी सुन्दरी पुत्री को जन्म देने वाले माता-पिता कितने सुखी होंगे और उनसे भी अधिक सुखी तो वह आदमी होगा, जो तुम्हें अपनी पत्नी के रूप में पाने का सौभाग्यशाली होगा।

पैटूशियो : क्यों केटे! क्या हुआ है तुम को? मेरे खयाल से तुम पागल तो नहीं हो गई हो? यह तो बहुत बुड्ढा आदमी है जिसके चेहरे और शरीर पर झुर्रियाँ पड़ गई हैं। जैसा तुम कह रही हो, यह कोई कन्या नहीं है।

ओ! वृद्ध पिता! क्षमा करिए। सूरज की रोशनी में मेरी आँखों में ऐसी चकाचौंध पैदा हो गई है कि अब जो कुछ दिखती है, हरियाली ही दिखती है। क्षमा करना मेरे इस दृष्टि-भ्रम के लिए। अब मैं देख रही हूँ कि आप तो एक वृद्ध पिता हैं। क्षमा करना मेरी इस भूल के लिए।

पैटूशियो : क्षमा कर दीजिए वृद्ध श्रीमान्! और हमें कृपया यह भी बता दीजिए कि आप किधर जा रहे हैं। अगर आप हमारे साथ रहे तो सच हमें इसके लिए बड़ी प्रसन्नता होगी।

विन्सैंशियो : श्रीमान् और आप से भी कहता हूँ श्रीमती, जिन्होंने मिलते ही अपने विचित्र ढंग से मुझे आश्चर्य में डाल दिया, कि मेरा नाम विन्सैंशियो है। पीसा मेरा निवास-स्थान है और अब मैं अपने उस पुत्र से मिलने जिससे बिछुड़े हुए मुझे बहुत दिन हो गए हैं, पैंडुआ को जा रहा हूँ।

पैट्रूशियो : क्या नाम है उसका ?

विन्सैंशियो : ल्यूसैंशियो, श्रीमान् !

पैट्रूशियो : बड़े अच्छे मिले और फिर आपके पुत्र के बारे में जानकर तो और भी अधिक प्रसन्नता हुई। अब आपकी आयु की दृष्टि से भी और सामाजिक नियम की दृष्टि से भी मैं आपको अपना पिता कह सकता हूँ क्योंकि आपके पुत्र ने मेरी पत्नी की बहिन से विवाह किया है। आश्चर्य मत करिए और न किसी प्रकार से दुःखी होइए। बड़े सम्मानित परिवार की लड़की है और फिर उसका दहेज भी बहुत है, श्रेष्ठ कुल में जन्मी है, इस सबके अलावा इतनी गुणवती है कि वह किसी भी श्रेष्ठ पुरुष की पत्नी होने योग्य है। आओ वृद्ध विन्सैंशियो ! हम आपस में गले मिल लें और आपके उस श्रेष्ठ पुत्र की ओर चलें, जो आपके आगमन से अत्यन्त प्रसन्न होगा।

विन्सैंशियो : लेकिन क्या यह सारी बात सच है ? या मज़ाकिया मुसाफ़िरों की तरह आपका यह कोई मज़ाक है, जैसे आपकी शायद यह आदत हो कि जिससे भी मिलें उसी से कुछ न कुछ मज़ाक करने लग जाएँ ?

हौर्टेंशियो : नहीं पिता ! मैं आपको विश्वास दिलाता हूँ, यह सब सच है।

पैट्रूशियो : आइए, हमारे साथ चलिए और स्वयं इसकी सच्चाई को देख लीजिए। हमारे पहले मज़ाक ने आपको यह सन्देह करने की ओर प्रेरित किया है।

(प्रस्थान)

हौर्टेंशियो : अच्छा पैट्रूशियो ! इस चीज़ ने अब मुझ में हिम्मत बँधा दी है। अगर मेरी विधवा भी इसी तरह कर्कशा निकली तो फिर तुमने हौर्टेंशियो को भी बुरी तरह बिगड़ना सिखा दिया है।

(प्रस्थान)

पाँचवाँ अंक

दृश्य 1

(बॉइंडैलो, ल्यूसैंशियो और बियांका का प्रवेश।
ग्रेमियो पहले से ही बाहर है)

बॉइंडैलो : शीघ्रता करिए श्रीमान्! पादरी तैयार बैठा है।

ल्यूसैंशियो : मैं बस उड़ता हूँ यहाँ से बॉइंडैलो! लेकिन शायद तुम्हारी वहाँ कोई ज़रूरत पड़े, इसलिए तुम चले जाओ।

(ल्यूसैंशियो तथा बियांका का प्रस्थान)

बॉइंडैलो : नहीं! मैं तुम्हारे पीछे गिरजाघर अवश्य जाऊँगा और फिर जितनी जल्दी हो सकेगा उतनी जल्दी मैं अपने स्वामी के पास लौटकर आऊँगा।

(प्रस्थान)

मुझे आश्चर्य होता है, केम्बियो अभी तक नहीं आया है।

(पैट्रूशियो, केटे, विन्सैंशियो तथा सेवकों का प्रवेश)

पैट्रूशियो : श्रीमान्! यह ल्यूसैंशियो के घर का दरवाज़ा है। मेरे पिता के सभी रीछ बाज़ार के अधिक निकट हैं इसलिए मैं आपसे जाने की आज्ञा चाहता हूँ।

विन्सैंशियो : नहीं, नहीं; जाने से पहले थोड़ा पी तो जाइए। मेरे विचार से मैं यहाँ आपका स्वागत कर पाऊँगा। ऐसा लगता है कि कुछ खुशी का शोरगुल इधर ही बढ़ता चला आ रहा।

(दरवाज़ा खटखटाना)

वे अन्दर किसी काम में लगे हुए हैं। ज़ोर से खटखटाइए।

(ज्ञानी खिड़की से बाहर देखता है)

कौन है जो इस तरह दरवाज़े को खटखटा रहा है जैसे मानो इसको तोड़ ही डालेगा ?

विन्सैंशियो : क्या ल्यूसैंशियो अन्दर हैं ?

अन्दर हैं श्रीमान् ! लेकिन उनसे कोई बात नहीं कर सकता।

विन्सैंशियो : लेकिन क्या उस समय भी नहीं जब कोई उसकी प्रसन्नता के लिए एक सौ या दो सौ पाउण्ड लाया हो ?

अपने इन एक सौ पाउण्ड्स को अपने पास ही रखिए। जब तक मैं जीवित हूँ उसके लिए किसी की भी आवश्यकता नहीं है।

पैट्रूशियो : मैंने कहा नहीं था आपसे कि आपके पुत्र को पैंडुआ में लोग बहुत प्यार करते हैं ? सुनिए श्रीमान् ! यह सब मज़ाक और बेकार की बातें छोड़कर श्रीमान् ल्यूसैंशियो से कह दीजिए कि उनके पिता पीसा से आए हैं और दरवाज़े पर खड़े उनकी प्रतीक्षा कर रहे हैं।

तुम झूठ बोलते हो। उसके पिता तो पैंडुआ से आए हैं और यही खिड़की से बाहर देख रहे हैं।

विन्सैंशियो : क्या आप उनके पिता हैं ?

जी हाँ, अगर मैं उसकी माता की बात पर विश्वास करूँ तो वह यही कहती है।

पैट्रूशियो : यह क्या है श्रीमान् ? यह तो आपकी पूरी धूर्तता है कि आपने किसी दूसरे आदमी का नाम अपने नाम की जगह रख लिया है।

पकड़ लो इस बदमाश को। मुझे पूरा विश्वास है, यह मेरी शक्ल-सूरत बनाकर इस शहर में किसी आदमी को ठगने के लिए आया है।

(बॉइंडैलो का प्रवेश)

बॉइंडैलो : मैंने उनको गिरजाघर में साथ-साथ देखा है। परमात्मा उनकी यात्रा सफल करे। लेकिन यहाँ कौन है ? मेरे वृद्ध स्वामी विन्सैंशियो ? अब हमारे सारे किए कराए पर पानी फिरा और सारा खेल खत्म हुआ।

विन्सैंशियो : इधर आओ, ओ फाँसी के तख्ते पर बैठी चिड़िया !

बॉइंडैलो : मैं हो सकता हूँ श्रीमान् ! मुझे आशा है।

विन्सैंशियो :   ! क्या तू मुझे भूल गया ?

बॉइंडैलो : आपको भूल गया, नहीं श्रीमान्! मैं आपको नहीं भूल सकता क्योंकि मैंने अपने पूरे जीवन-भर आपको कभी देखा ही नहीं।

विन्सैंशियो : तूने ओ बदमाश चालाक कमीने। क्या तूने अपने स्वामी के पिता विन्सैंशियो को कभी नहीं देखा?

बॉइंडैलो : क्या मेरे वृद्ध सम्माननीय पुराने स्वामी? हाँ, हाँ अवश्य, देखिए वे खिड़की से बाहर देख रहे हैं।

विन्सैंशियो : क्या निस्सन्देह ऐसा ही है?

(वह बॉइंडैलो को पीटता है।)

बॉइंडैलो : बचाओ, बचाओ, मदद करो। यह देखो, यह पागल मेरी हत्या कर डालेगा।

(प्रस्थान)

बचाओ बेटा! श्रीमान बैप्टिस्टा! बचाइए।

(खिड़की में से चला जाता है।)

पैटूशियो : केटे! आओ अलग हटकर खड़े हो जाएँ। और इस झगड़े का अन्त देखें।

(ज्ञानी का सेवकों तथा बैप्टिस्टा और ट्रेनियो के साथ प्रवेश)

श्रीमान्! आप कौन हैं, जो मेरे सेवक को इस तरह मारते हैं?

विन्सैंशियो : मैं क्या हूँ श्रीमान्! अच्छा तो आप ही क्या हैं? ओह अमर देवताओ! बड़ा पूरा बदमाश है। रेशमी डबलैट है, मखमली मोज़े हैं, लाल क्लोक है और एक ऊँचा टोप। ओह! सच, मैं तो लुट गया, मैं तो लुट गया। मैं तो घर पर एक अच्छा गृहस्थी बनकर रहता हूँ लेकिन मेरा बेटा और मेरा सेवक दोनों ही सबको यूनिवर्सिटी में खर्च कर डालते हैं। क्या हुआ? बात क्या है?

बैप्टिस्टा : क्या वह आदमी पागल है?

श्रीमान्! आपके कपड़ों को देखकर तो लगता है कि आप कोई बहुत गम्भीर और पुरानी तरह के आदमी हैं लेकिन आपकी बातें सिद्ध करती हैं कि आप एक पागल आदमी हैं। क्यों श्रीमान्! अगर मैं मोती और सोना पहनूँ तो आपको इससे क्या मतलब। मैं अपने अच्छे पिता को धन्यवाद देता हूँ। मैंने इसको निबाह लिया।

विन्सैंशियो : तुम्हारा पिता। ओह बदमाश! वह तो बर्गेनो में पाल बनाने वाला है।

बैप्टिस्टा : आप गलत कहते हैं श्रीमान्! बिलकुल गलत। अच्छा बताइए, क्या आप इनका नाम जानते हैं?

विन्सैंशियो : इसका नाम, जैसे कि मैं जानता ही नहीं हूँ। जब यह तीन साल का था तभी से मैंने इसको स्वयं पाला है। ट्रेनियो है इसका नाम।

भाग जा, भाग जा पागल गधे! उसका नाम तो ल्यूसैंशियो है और वह मेरा पुत्र और मेरी सारी सम्पत्ति का उत्तराधिकारी है।

विन्सैंशियो : ल्यूसैंशियो। ओह, इसने अपने स्वामी की हत्या कर दी मालूम होती है। मैं ड्यूक के नाम पर तुमसे कहता हूँ, इसको पकड़ लो। हाय मेरे बेटे! मेरे बेटे! बता मुझे बदमाश! मेरा बेटा ल्यूसैंशियो कहाँ है?

एक अधिकारी को बुलाना। इस पागल धूर्त को जेल ले जाओ। पिता बैप्टिस्टा! आप देखिए कि वह यहाँ जल्दी से आ जाए।

विन्सैंशियो : मुझे जेल ले जाने को?

ठहरो अधिकारी! ये जेल नहीं जाएँगे।

बैप्टिस्टा : बोलिए मत श्रीमान् ग्रेमियो! मैं कहता हूँ, यह जेल जाएगा।

श्रीमान् बैप्टिस्टा! सावधानी से काम करिए जिससे आप इस मामले में धोखा न खा जाएँ। मैं शपथ खाकर कहता हूँ कि यह सच्चे विन्सैंशियो हैं।

शपथ खाइए, अगर आप में साहस है तो।

मैं शपथ खाने का साहस नहीं रखता।

तब तो आप और भी अच्छी तरह यह कहिए कि मैं ल्यूसैंशियो नहीं हूँ।

नहीं। मैं जानता हूँ कि आप ही ल्यूसैंशियो हैं।

(बॉइंडैलो, ल्यूसैंशियो तथा बियांका का प्रवेश)

बैप्टिस्टा : ले जाओ इस बेवकूफ को जेल।

विन्सैंशियो : ओह, धूर्त बदमाश कमीने। इस तरह अपरिचित व्यक्तियों के साथ दुर्व्यवहार किया जा सकता है?

बॉइंडैला : ओह, हम तो बरबाद हो गए। उधर वह देखो। वही आ गया

है। उसको झूठा साबित करो, नहीं तो फिर हमारा सभी का पासा पलट जाएगा।

(बॉइंडैलो का प्रस्थान। साथ में ट्रेनियो और ज्ञानी भी
जितनी शीघ्रता से हो सकता है जाते हैं।)

ल्यूसैंशियो : (घुटनों के बल झुककर) क्षमा करिए मेरे अच्छे पिता।

विन्सैंशियो : क्या मेरा बेटा अभी जीवित है ?

बियांका : क्षमा करिए पूज्य पिता !

बैप्टिस्टा : तुमने यह नाराज़ करने का काम क्यों किया है ? ल्यूसैंशियो कहाँ

ल्यूसैंशियो : वास्तविक विन्सैंशियो का वास्तविक पुत्र ल्यूसैंशियो यही है जिसने आपकी पुत्री से विवाह कर लिया है। जबकि बनावटी रूप बनानेवालों ने आपकी आँखों को धोखा दिया।

यह तो हम सभी को धोखा देने के लिए एक षड्यन्त्र रचा गया था जिसका एक गवाह है।

विन्सैंशियो : वह बदमाश ट्रेनियो कहाँ है जिसने इतनी धृष्टता दिखाकर मेरा सामना किया था ?

बैप्टिस्टा : कहिए, क्या यह मेरा केम्बियो नहीं है ?

बियांका : केम्बियो का ल्यूसैंशियो में रूप-परिवर्तन हो गया है।

ल्यूसैंशियो : प्रेम ही इन सभी आश्चर्यजनक घटनाओं का निर्माता है। बियांका के प्रेम ने मुझे ट्रेनियो से अपना रूप बदलने के लिए प्रेरित किया और उसने इस शहर में मेरा रूप धारण किया और अन्त में मैं अपने परम सुख के गंतव्य पर जिसकी मुझे कामना थी आ पहुँचा हूँ। जो कुछ भी ट्रेनिया ने किया, उसके लिए मैंने ही उसको बाध्य किया था, इसलिए अच्छे पिता ! मेरे लिए उसको क्षमा कर दीजिए।

विन्सैंशियो : मैं उस बदमाश की नाक तो तोड़ूँगा जो मुझे जेल भेज रहा था।

बैप्टिस्टा : लेकिन सुनिए श्रीमान् ! क्या आपने बिना मुझसे पूछे ही मेरी पुत्री से विवाह कर लिया है ?

विन्सैंशियो : डरिए नहीं बैप्टिस्टा ! हम आपको सन्तुष्ट कर देंगे। जाइए। लेकिन मैं इस धूर्तता का बदला चुकाने के लिए अन्दर जाऊँगा।

(प्रस्थान)

बैप्टिस्टा : और मैं इस धूर्तता की गहराई का पता लगाने।

(प्रस्थान)

ल्यूसैंशियो : बियांका! डरो मत। तुम्हारे पिता तुम्हारे ऊपर क्रुद्ध नहीं होंगे।

(ल्यूसैंशियो तथा बियांका का प्रस्थान)

मेरी रोटी तो अधपकी है लेकिन मैं दूसरों के बीच अन्दर जाऊँगा।
सिर्फ़ दावत के हिस्से के अलावा और किसी बात की आशा नहीं रखूँगा।

(प्रस्थान)

प्राणनाथ! इस झगड़े का अन्त देखने के लिए हम भी इनके पीछे चलें।

पैट्रूशियो : पहले मुझको प्यार करो केटे, फिर हम ज़रूर चलेंगे।

क्या गली के बीच में?

पैट्रूशियो : क्या तुम मुझी से शर्मिंदा हो रही हो?

नहीं तो परमात्मा न करे, लेकिन आपका चुम्बन लेने में मुझे शरम लगती है।

पैट्रूशियो : अच्छा तो फिर चलो घर चलें। आओ चलो लड़के।

मैं आपको ज़रूर एक चुम्बन दूँगी, प्राणनाथ! ठहर जाइए।

पैट्रूशियो : क्या यह ठीक नहीं है? आओ मेरी अच्छी प्यारी केटे। कभी नहीं से तो अच्छा एक बार है, लेकिन इतनी देर बाद कभी नहीं।

(प्रस्थान)

दृश्य 2

(बैप्टिस्टा, विन्सैंशियो, ग्रेमियो, ज्ञानी, ल्यूसैंशियो और बियांका, पैट्रूशियो और कैथरिना, हौर्टेंशियो और विधवा, बॉइंडैलो तथा ग्रूमियो का प्रवेश। कुछ सेवक ट्रेनियो के साथ दावत के बाद का हल्का-सा खाने का सामान ला रहे हैं।)

ल्यूसैंशियो : यद्यपि समय तो बहुत लगा लेकिन आखिरकार बेसुरे तार एक स्वर में मिल ही गए और जो संघर्ष चल रहा था उसका भी अन्त हो

चुका है। अब तो वह समय है जबकि हमें अपनी चालाकियों तथा उन खतरों पर जो अब समाप्त हो चुके हैं, हँसना चाहिए। मेरी प्रिया बियांका ने मेरे पिता का स्वागत किया है, उसी प्रकार मैं भी उसी सहृदयता के साथ तुम्हारा स्वागत करता हूँ, भाई पैट्रूशियो और बहिन कैथरिना! तुम्हारा भी तुम्हारी प्यारी विधवा के साथ स्वागत है हौर्टेंशियो। आओ, जो सबसे अधिक श्रेष्ठ है, उसके साथ बैठकर दावत खाओ, स्वागत है तुम्हारा। हमारी इतनी बड़ी खुशी के बाद दावत तैयार है, शायद सभी को इस समय भूख भी खूब लग रही है। आओ अब खाने और बातें करने दोनों कामों के लिए बैठें।

पैट्रूशियो : नहीं सिर्फ़ बैठने और खाने के अलावा और कुछ नहीं।

बैप्टिस्टा : पेंडुआ की देन है यह सहृदयता बेटा पैट्रूशियो।

पैट्रूशियो : पेंडुआ की कुछ देन नहीं है, सिवाय उसके जो सहृदय है।

हौर्टेंशियो : हम दोनों के लिए, काश यह बात ठीक होती।

पैट्रूशियो : ओ सच कहता हूँ, हौर्टेंशियो तो अपनी विधवा से डरता है।[1]

मैं उससे बिलकुल नहीं डरती।

पैट्रूशियो : तुम तो बहुत अक्लमन्द हो लेकिन फिर भी तुम मेरी बात का गलत मतलब लगाती हो। मेरा मतलब था कि हौर्टेंशियो तुमसे डरता है।

जिसके सिर में चक्कर आता है वह सारी दुनिया को ही घूमता हुआ देखने लगता है।

पैट्रूशियो : बड़ा सीधा जवाब दिया।

श्रीमती! यह आपने कैसे कह दिया?

यही? मैं आपसे अर्थ धारण करती हूँ।

पैट्रूशियो : क्या, मैं गर्भ धारण करती हूँ? मुझसे?[2] अरे हौर्टेंशियो कैसे पसन्द

Afraid : इस शब्द के दो अर्थ है—डराना और डरना। पैट्रूशियो तो इसका प्रयोग दूसरे अर्थ में करता है और विधवा पहले अर्थ को पकड़कर एक साथ आवेश में आकर उत्तर देती है।

Conceive : इस शब्द के दो अर्थ हैं—(1) अर्थ धारण करना (2) गर्भवती करना या होना। विधवा पहले अर्थ में इस शब्द का प्रयोग करती है लेकिन पैट्रूशियो दूसरे अर्थ में लेकर विधवा का मज़ाक बना देता है। फिर हौर्टेंशियो उसको ठीक करता है।

करेगा इसको ?

हौरेंशियो : मेरी विधवा का तो कहना है कि इसी तरह का अर्थ वह आपसे धारण करती है।

पैट्रूशियो : खूब ठीक किया। चूम लो इसी के लिए उसको, प्यारी विधवा।

जिसके सिर में चक्कर आता है वह सारी दुनिया को घूमता हुआ देखने लगता है। कृपया बताइए तो, क्या मतलब है इसका ?

तुम्हारे पति को एक कर्कशा ने परेशान किया था, अपने उसी दुःख से वे मेरे पति के दुःख को नापते हैं। अब मालूम हो गया तुम्हें इसका मतलब ?

बड़ी नीच बात है।

ठीक है, मेरा तुम्हीं से ही मतलब[1] था।

मैं तुम्हारा सम्मान करती हुई, निस्सन्देह नीच हूँ।

पैट्रूशियो : हाँ केटे ! उसको हरा दो।

हौरेंशियो : हाँ मेरी विधवा ! हरा देना उसको।

पैट्रूशियो : सौ यार्क की शर्त है। मेरी केटे उसको नीचे पटक देगी।

हौरेंशियो : वही तो मेरा काम है।

पैट्रूशियो : अच्छा बड़े अफसर की तरह बोले। लो पियो।

(हौरेंशियो को शराब देता है।)

बैप्टिस्टा : ग्रेमियो ! तुम्हें ये वाक्चतुर लोग कैसे लगते हैं ?

सच मानिए श्रीमान् ! अच्छे सिर टकराते हैं ये एक दूसरे से।

बियांका : सिर लेकिन वाक्चातुर्य से उतावले लोग तो यही कहते कि तुम्हारा सिर और उससे टकराने का मतलब तो सिर और सींग हैं।

विन्सैंशियो : क्या इस सबसे दुल्हिन की नींद टूट गई है ?

बियांका : लेकिन मुझे डराया नहीं है इस सबने, इसलिए मैं फिर सोऊँगी।

पैट्रूशियो : नहीं, नहीं; अब आप नहीं सोएँगी जब आपने शुरू ही कर दिया

Mean : इस शब्द के दो अर्थ हैं—(1) नीच (2) मतलब होना। केटे इसका प्रयोग पहले अर्थ में करती है और विधवा दूसरे अर्थ में समझती है, इस तरह शब्द-चातुर्य का खेल-सा इस दृश्य के भीतर चलता है।

है तो। मैं आपकी ओर निशाना करके कहता हूँ कि एक दो अच्छे मजाक़ छिड़ जाएँ।

बियांका : क्या मैं आपकी चिड़िया हूँ? अच्छा तो मैं अपनी साड़ी बदल लेती हूँ और फिर आप अपनी कमान खींचकर मेरा पीछा कर लीजिए। आप सभी का स्वागत है। बस—

(बियांका, कैथरिना और विधवा का प्रस्थान)

पैट्रूशियो : श्रीमान् ट्रेनियो! इसने तो मुझे सामने आने से पहले ही रोक लिया है। यह वही तो चिड़िया थी जिसकी तरफ आपने निशाना लगाया था और उसको पकड़ नहीं पाए थे, इसलिए मैं उन सबके स्वास्थ्य और सुख की शुभ कामना करता हूँ जो निशाना चूक गए हैं।

श्रीमान्! ल्यूसैंशियो ने तो मुझे अपने कुत्ते की तरह अलग हटा दिया जो भागता तो स्वयं है लेकिन शिकार करता है अपने मालिक के लिए।

पैट्रूशियो : बड़ी अच्छी उपमा है, लेकिन है बेवकूफ़ी की।

यह अच्छा हुआ श्रीमान्! कि आपने स्वयं के लिए शिकार किया। यह सोचा जाता है आपकी हरिणी ने आपको उन शिकारी कुत्तों की आवाज सुनकर ही पकड़ लिया है।

बैप्टिस्टा : पैट्रूशियो! देखा, ट्रेनियो ने चोट कर दी है तुम पर अब।

ल्यूसैंशियो : ट्रेनियो! अब करारे मजाक़ के लिए मैं तुम्हें धन्यवाद देता हूँ।

हौर्टेंशियो : मान लो अब तो। क्या उसने तुम पर चोट नहीं की है?

पैट्रूशियो : मैं मानता हूँ, इसने थोड़ी चोट कर दी है और जैसे यह मज़ाक़ मुझसे दूर गया तो सच आप दोनों को तो इसने घायल कर दिया।

बैप्टिस्टा : अच्छ बेटा पैट्रूशियो! अब यह सब छोड़कर गम्भीरता से रहो। मेरे विचार से तुम्हारे पास तो सबसे विचित्र कर्कशा स्त्री है।

पैट्रूशियो : जी नहीं। मैं इसको नहीं मानता। इसका पूरा विश्वास दिलाने के लिए मैं एक प्रस्ताव रखता हूँ—हममें से प्रत्येक अपनी-अपनी पत्नी को यहाँ बुलाए। जिसकी पत्नी सबसे अधिक आज्ञाकारिणी होगी और बुलाने के साथ ही सबसे पहले आकर उपस्थित हो जाएगी, उसको वही इनाम दिया जाएगा जो कुछ हम निश्चित कर दें।

हौर्टेंशियो : सुनिए, वह ईनाम क्या होगा?

ल्यूसैंशियो : बीस क्राउन्स।

पैट्रूशियो : बीस क्राउन्स। मैं अपने बाज़ या कुत्ते पर तो इतने की शर्त लगा भी लेता लेकिन पत्नी के ऊपर तो बीस गुनी रकम की शर्त लगा सकता हूँ।

ल्यूसैंशियो : अच्छा तो एक सौ क्राउन्स।

हौर्टेंशियो : ठीक है।

पैट्रूशियो : ठीक है, यह मुकाबला होगा।

हौर्टेंशियो : शुरू कौन करेगा ?

ल्यूसैंशियो : वह तो मैं करूँगा। बॉइंडैलो ! जाओ, अपनी स्वामिनी से यहाँ आने के लिए कह दो।

बॉइंडैलो : जो आज्ञा।

(प्रस्थान)

बैप्टिस्टा : बेटा ! मैं तुम्हारा आधा भागीदार हूँगा। बियांका अवश्य आ रही है।

ल्यूसैंशियो : मैं कोई आधों का हिसाब नहीं रखूँगा। अपने आप ही मैं इसको बरदाश्त करूँगा।

(बॉइंडैलो का प्रवेश)

बॉइंडैलो : श्रीमान् ! मेरी स्वामिनी ने आपके पास सन्देश भिजवाया है कि वे इस समय व्यस्त हैं, अत: नहीं आ सकेंगी।

पैट्रूशियो : क्या ? क्या वह व्यस्त है और नहीं आ सकेगी ? क्या यह उत्तर है ? हाँ, और अच्छा उत्तर है। परमात्मा को धन्यवाद दीजिए श्रीमान् ! कि आपकी पत्नी ने आपके पास इससे खराब उत्तर नहीं भिजवाया।

पैट्रूशियो : मैं तो इससे अच्छे की ही आशा करता हूँ।

हौर्टेंशियो : बॉइंडैलो ! जाओ और मेरी पत्नी से मेरी ओर से यहाँ आने के लिए प्रार्थना करना।

(बॉइंडैलो का प्रस्थान)

पैट्रूशियो : अच्छा, उससे प्रार्थना की जाएगी तब वह यहाँ आने की आवश्यकता अनुभव करेगी ?

हौर्टेंशियो : मुझे डर है श्रीमान् ! ख़ैर आप करिए जो कुछ कर सकते हैं।

(बॉइंडैलो का प्रवेश)

आपकी पत्नी तो प्रार्थना को भी नहीं मानेंगी। अच्छा, मेरी पत्नी कहाँ है ?

बॉइंडैलो : वे कहती हैं कि वे इस समय किसी अच्छे मजाक़ में लगी हुई हैं, इसलिए नहीं आ सकेंगी। आपको ही उन्होंने अपने पास बुलाया है।

पैट्रूशियो : इससे भी बुरा और क्या हो सकता है ? वह नहीं आएगी। ओह, कमीनी ! मैं बरदाश्त नहीं कर सकता इस बात को।

ग्रूमियो ! अपनी स्वामिनी के पास जाकर कहना कि मेरी आज्ञा है कि वह यहाँ मेरे पास आ जाए।

(ग्रूमियो का प्रस्थान)

हौर्टेंशियो : मैं जानता हूँ, वह क्या उत्तर देगी।

पैट्रूशियो : क्या ?

हौर्टेंशियो : वह नहीं आएगी।

पैट्रूशियो : तो मेरा और भी अधिक दुर्भाग्य होगा। अरे, बस हो गया अन्त इस सबका।

(कैथरिना का प्रवेश)

बैप्टिस्टा : पवित्र मेरी की सौगन्ध ! अब तो कैथरिना आई है।

कहिए श्रीमान् ! क्या आज्ञा है ? आपने मुझे कैसे बुलाया है ?

पैट्रूशियो : तुम्हारी बहिन और हौर्टेंशियो की पत्नी वे दोनों कहाँ हैं ?

वे अपने कमरे में आग के पास बैठी बातें कर रही हैं।

पैट्रूशियो : जाओ बुलाकर ले आओ उन्हें यहाँ। अगर वे मना करें तो उन्हें पीटते हुए घसीटकर अपने पतियों के पास ले आना। बस अब शीघ्र जाओ यहाँ से और उनको सीधी पकड़कर यहाँ ले आओ।

(कैथरिना का प्रस्थान)

ल्यूसैंशियो : अगर आप किसी आश्चर्य की ही बातें करें तो सच आश्चर्य तो यहाँ है।

हौर्टेंशियो : हाँ, बिलकुल। मुझे तो आश्चर्य होता है कि यह किस भविष्य की ओर संकेत करता है।

पैट्रूशियो : यह शान्ति और प्रेम-पूर्ण जीवन की ओर संकेत करता है—ऐसे शासन की ओर जिसमें प्रमुख और आयु में बड़े व्यक्ति को उचित सम्मान प्राप्त होगा और छोटे को प्यार और सुख मिलेगा।

बैप्टिस्टा : अच्छा तो श्रेष्ठ पैट्रूशियो ! सफलता तुम्हारी है। तुम ही ईनाम

के अधिकारी हो और जो उसकी हानि हुई है उसको पूरा करने के लिए मैं अपनी दूसरी पुत्री के दहेज के रूप में बीस हजार क्राउन्स और देता हूँ क्योंकि वह तो पहले से पूरी तरह बदल गई है।

पैट्रूशियो : मैं और भी अच्छी तरह से अपना इनाम जीतूँगा और उसके नए गुणों तथा आज्ञा-पालन के और भी अच्छे प्रमाण दूँगा।

(केटे, बियांका तथा विधवा का प्रवेश)

देखिए, वह आ रही है और आपकी धृष्ट पत्नियों को अपने स्त्रियोचित स्वभाव से बन्दी बना कर ला रही है।

कैथरिना! वह तुम्हारी टोपी तुम्हें अच्छी नहीं लगती है, फेंक दो उसे और पैर से कुचल दो।

ओ परमात्मा! जब तक मैं किसी ऐसी बेवकूफ़ी की जगह पर न आ जाऊँ तब तक तो मुझे कभी भी ऐसा मौका न देना जिसके लिए मेरे दिल से आह निकले।

बियांका : क्या तुम इसको बेवकूफ़ी का फ़र्ज़ कहती हो?

ल्यूसैंशियो : मैं चाहता हूँ कि तुम्हारा भी फ़र्ज़ उतना ही बेवकूफ़ी का होता। सुन्दरी बियांका! तुम्हारे फ़र्ज़ की अक्लमन्दी ने खाने के वक्त से अब तक एक सौ क्राउन्स का नुकसान पहुँचा दिया है।

बियांका : और भी बड़े बेवकूफ़ हो तुम जो मेरा फ़र्ज़ तय करते हो।

पैट्रूशियो : कैथरिना! मैं तुम्हें आज्ञा देता हूँ कि इन जिद्दी किस्म की औरतों को यह बता दो कि अपने पति और स्वामियों के प्रति उनका क्या फ़र्ज़ है?

विधवा : चलो, चलो, आप तो मज़ाक़ करते हैं। हमें इसको सुनने की आवश्यकता नहीं।

पैट्रूशियो : अच्छा, हाँ मैं कहता हूँ। पहले उसी से शुरुआत हो।

वह शुरुआत नहीं करेगी।

पैट्रूशियो : मैं कहता हूँ वह करेगी और पहले उसी से शुरुआत करो।

सबसे पहले तो उस क्रोध और कठोरता को निकाल दो जिससे तुम्हारी भौंहें बल खाया करती हैं और अपने स्वामी, शासक और सम्राट रूप पति के हृदय को आघात पहुँचाने के लिए कभी भी अपनी आँखों में क्रोधावेश या उपहास लेकर उनकी ओर मत देखा करो। जैसे पाला गिरकर चरागाहों को नष्ट कर देता है, उसी प्रकार यह क्रोधावेश और

कठोरता तुम्हारे सौन्दर्य को नष्ट कर देती है। जिस प्रकार चक्करदार हवाएँ चलकर सुन्दर कलियों को गिरा देती हैं उसी प्रकार इससे तुम्हारा अच्छा नाम मिट जाता है। किसी भी दृष्टि में ऐसा करना अच्छा नहीं है। उत्तेजित स्त्री तो एक ऐसे सोते के समान होती है जिसका पानी शान्ति से नहीं बहता और जिसमें कीचड़ हो जाती है, उसका सारा सौन्दर्य नष्ट हो जाता है, बल्कि वह बहुत भद्दा और गन्दा लगने लगता है। उस पर अगर कोई प्यासा आदमी भी आता है तो वह भी उसकी एक भी बूँद छूना या उसका पानी पीना पसन्द नहीं करता।

तुम्हारे पति तुम्हारे स्वामी हैं, तुम्हारे जीवन हैं और तुम्हारे पालनकर्ता हैं, सभी प्रकार से तुम्हारे एकमात्र स्वामी हैं। वही तो तुम्हारे भरणपोषण की चिन्ता करते हैं। धरती और समुद्र दोनों जगहों पर तुम्हारे लिए कठोर परिश्रम करते हैं। रात तूफानों के बीच निकल जाती है तो दिन-भर ठण्ड में रहते हैं जबकि तुम घर पर अच्छी तरह आराम से रहती हो। फिर इतना सब करते हुए भी तुम्हारे पति माँगते क्या हैं तुमसे? यही तो, कि तुम उनसे प्रेम करोय उनकी आज्ञा का पालन करो और सदा मधुर दृष्टि से उनकी तरफ देखो। इतने बड़े ऋण के लिए यह तो बहुत ही कम है जो वे तुमसे माँगते हैं। जो फ़र्ज़ एक प्रजाजन का अपने राजा के प्रति होता है, वही एक स्त्री का अपने पति के प्रति होता है। जब वह कर्कशा, धृष्ट, कठोर और कुलटा हो जाती है और अपने पति की आज्ञा का पालन नहीं करती तो वह अपने प्रिय स्वामी के प्रति विश्वासघात और घृणित विद्रोह करती है। मुझे कहते हुए लज्जा आती है कि स्त्रियाँ इतनी भोली और सीधी होती हैं कि जहाँ शान्ति के लिए उन्हें झुकना चाहिए वहाँ वे झगड़ा खड़ा कर देंगी। सदा सेवा करना, आज्ञा पालन करना और पति को प्रेम करना ही उनका फ़र्ज़ है, लेकिन वे इसे छोड़कर स्वयं शासन करने की लालसा करती हैं। हमारे शरीर कोमल और नाजुक होते हैं, इसी कारण हम आपत्ति झेलकर कठिन परिश्रम नहीं कर सकतीं, लेकिन यह क्यों है? जिससे कि हमारे हृदय की भावनाओं का हमारी बाह्य शारीरिक स्थिति से तादात्मय स्थापित हो सके। सुनो ओ उत्तेजित स्वभाव की उत्पाती स्त्रियो! मेरा भी दिमाग किसी वक्त इतना ही चढ़ा हुआ था जितना अब तुम्हारा है। दिल भी

इतना ही मजबूत था और बात बनाना भी मुझे ज़्यादा आता था, बात पर बात कहती थी मैं। कोई मेरी तरफ गुर्राता था तो उल्टे उसकी तरफ गुर्राती थी मैं, लेकिन अब मैं देखती हूँ कि हमारे ये बर्छे तो केवल तिनके थे। हम तो अबला हैं, हमारी निस्सहाय अवस्था की तुलना तो किसी से भी नहीं की जा सकती। हम बनती बहुत हैं लेकिन वास्तव में कुछ नहीं हैं। इसीलिए मैं कहती हूँ कि अपना घमण्ड कम कर दो क्योंकि इससे कोई लाभ नहीं है और अब अपने पति के चरणों पर अपने हाथों को रख दो और कहो—हे स्वामी! आज्ञा दीजिए, इन हाथों से हम जितनी सेवा आपकी कर सकती हैं, करेंगी।

पैट्रूशियो : वाह! क्या खूब औरत है। आओ केटे! आकर मुझे चूम लो।

ल्यूसैंशियो : अपने रास्ते चलो अब तो पैट्रूशियो! अब तो वह तुम्हारे वश

विन्सैंशियो : यह तो उस समय अच्छा उपदेश है जब बच्चे इसको सीखने के लिए उत्सुक हों।

ल्यूसैंशियो : लेकिन जब स्त्रियाँ कर्कशा हों तो उनके लिए बड़ा बुरा और कटु उपदेश है।

पैट्रूशियो : आओ केटे! चलो सोने चलें। हम तीनों की तो शादी हो चुकी है लेकिन तुम दोनों इस दौड़ में पिछड़ गए। यद्यपि तुमने सफेद[1] की तरफ निशाना लगाया था लेकिन मैंने ही शर्त जीती और विजयी होने के नाते मैं भगवान् से तुम्हारे लिए प्रार्थना करता हूँ कि वह तुम्हें सुखपूर्ण रात्रि प्रदान करे।

(पैट्रूशियो तथा केटे का प्रस्थान)

हौर्टेंशियो : अब तो अपने रास्ते चलो, तुमने एक कर्कशा और कुटिला तक को तो अपने वश में कर लिया है।

ल्यूसैंशियो : बड़ा आश्चर्य है कि उसको इस तरह वश में कर लिया गया।

(प्रस्थान)

White : इसके दो अर्थ हैं। पहला तो है वह केन्द्र बिन्दु जिसकी ओर निशाना लगाया जाता है, दूसरे अर्थ में यह बियांका के लिए प्रयुक्त हुआ है। पैट्रूशियो सफ़ेद कहकर बियांका की ओर संकेत करता है।

❏❏❏